雷永辉是我们北大国发院 EMBA2020 级的学生。当他把这本书的书稿发给我并邀请我写序的时候，我感到很惊讶，因为这是北大国发院 EMBA 开班 20 多年以来第一位同学这么完整记录求学的过程。永辉用轻松愉快的语言详细记录了从想读商学院的愿望，到面试备考、录取入学，再到课堂和现场教学、企业游学、班级活动，以及最后参加毕业典礼的求学全过程。这本书为向往北大国发院 EMBA 的企业家和商学爱好者提供了一个难得的真实案例。永辉认真求学，认可北大国发院的教学模式，认真记录求学的点滴经历并最终成书出版，实属难能可贵。2024 年是北大国发院成立 30 周年，永辉的这本书是北大国发院收到的一份献礼。

——北京大学国家发展研究院院长　姚洋

EMBA 是中国社会中一个相对特殊的群体，在很多人看来甚至略带神秘色彩。读 EMBA，为什么要读？什么样的人在读？都读些什么？怎么读？在哪里读？这本《我在北大读商学》，从作者个人的视角，很好地为读者打开了一扇了解 EMBA 读书生活的窗户。

这本书是作者在北大国发院 BiMBA 商学院 EMBA 读书生活的全景再现。作者以亲历者的身份，真实地记录了 EMBA 从报考到毕业的全过程，以及读书期间的所经所历、所见所闻、所思所得。全书信笔写来，全是真情实感。

对于企业管理者来说，人生最美好的事情，大概莫过于驰骋商场，历经浮沉，还能安然读书。对于想了解 EMBA 读书生活的朋友来说，本书提供了一个难得的视角。我很愿意向朋友们推荐这本书。

——北京大学国家发展研究院管理学教授、BiMBA 商学院副院长兼 EMBA 学术主任　宫玉振

我是雷永辉同学的班主任李然，收到永辉的书稿，第一时间通读了全文，非常有幸能作为 2020 级 EMBA 班主任，并成为永辉书中"出镜率最高的老师"。永辉的文字娓娓道来，细腻而温暖，带领着我回味跟同学们在一起的时光。永辉不仅分享了紧张的、快乐的学习生活，更记录了数位经济学家、管理学家的精彩课堂，并把这些故事通过文字呈现出来，让更多的人一起来分享他们的故事。我深深地感受到，北大国发人内心的富足和对理想的执着定将成为永恒的基因，并一届届传承下去。感谢永辉，让读者触摸到了有热度、有活力、有性格的中国企业家群体，并通过亲身经历与感受，为读者提供了全方位观察北大国发院 EMBA 学习进程的独特视角。

——北京大学国家发展研究院 EMBA 2020 级班主任　李然

第一眼看到《我在北大读商学》，第一感是永辉实现了人生突围！这本书，不仅是他给自己人生的一个交代，更是给了很多没有机会进入北大就读的企业家一次再读的机会。永辉是一个特别务实的人，也是一位很有头脑的企业家。在他所涉及的一事一物中，总能实现价值的最大化。双汇十八年的实战演练，北大三年的理论升华，二者一起托起了他向着明天、向着未来再次腾飞的翅膀。

——青年作家　婧婷

我在北大读商学

雷永辉 / 著

企业管理出版社
ENTERPRISE MANAGEMENT PUBLISHING HOUSE

图书在版编目（CIP）数据

我在北大读商学 / 雷永辉著. —北京：企业管理出版社，2024.1
ISBN 978-7-5164-2894-8

Ⅰ．①我… Ⅱ．①雷… Ⅲ．①企业管理－中国 Ⅳ．①F279.23

中国国家版本馆 CIP 数据核字（2023）第 178102 号

书　　名：	我在北大读商学
书　　号：	ISBN 978-7-5164-2894-8
作　　者：	雷永辉
责任编辑：	陈　戈　田　天
出版发行：	企业管理出版社
经　　销：	新华书店
地　　址：	北京市海淀区紫竹院南路 17 号　　邮　编：100048
网　　址：	http://www.emph.cn　　电子信箱：emph001@163.com
电　　话：	编辑部（010）68701638　　发行部（010）68414644
印　　刷：	三河市荣展印务有限公司
版　　次：	2024 年 1 月第 1 版
印　　次：	2024 年 1 月第 1 次印刷
开　　本：	710mm×1000mm　1/16
印　　张：	15.25
字　　数：	204 千字
定　　价：	68.00 元

版权所有　翻印必究　·　印装有误　负责调换

自　序
PREFACE

清晨的漯河，阳光明媚。

2020年春节，新冠疫情突袭而至，直到三月底才有所缓解，走在幸福渠的步道上，感觉特别的轻松自在。

这是我离开双汇的第一个月。

或许是卸下包袱的原因，人间的一草一木，感觉都是那么的亲切自然。漯河谷雨之前，百花盛开，争奇斗艳，柳色青青，小草依依。

18个春秋，我在双汇的工作画上了一个句号，但对自己的人生，这里却是一个逗号。蓦然回首，一种回归家庭生活的幸福感，被大自然紧紧包围着。这让我突然想起：人生的意义是什么？

在此之前，高职高薪，按部就班，循规蹈矩，恬淡无味。只知道努力工作挣钱，让孩子衣食无忧，好好上学；让家人吃饱穿暖，活得体面。没有圣贤之志，亦无伟大梦想。但在精神上，总觉得少了一点什么。

昨日已过，明日未来。今日衣食无忧，我总该为自己、为梦想活一次。

在任何一个岗位上待久了，人总会心生厌倦。我在双汇集团工作了18年，从事生猪屠宰业10年，担任农牧事业部总经理8年，系统地了解生猪、肉鸡全产业链运营管理，但是，我一直觉得外边的世界更美好。

所以，总想来一次人生突围。换个环境，换种活法。我想成为什么样的人？这是一个梦想。

我要成为什么样的人？这是一个目标。

梦想升起，目标也就落地。思虑再三，我觉得，我应该把自己的经验奉献给行业，去帮助更多的企业成功。

在中国经济处于转型期的当下，我虽然有着18年的企业实践，但商业理论未必系统。那就去商学院深造吧，让实践与理论结合，做行业知行合一的实战专家，人生需要不断地去挑战和突破。

生命不息，奋斗不止。这是活着的意义，也是生命的意义。

当快要读完商学院时，我突然又萌生了写本书的念头，让那些没有机会或者没有时间读商学院的有志之士，能够详细地了解商学院的学习情境。

思辨商学创始人：雷永辉

2023 年元月 1 日

目 录
CONTENTS

01 想读商学院……………………………001

02 参加全国统考……………………………005

03 等待通知书………………………………008

04 戈15出征仪式……………………………013

05 在敦煌落地………………………………017

06 莫问尘与土，但追云和月………………022

07 北大我来了………………………………034

08 商务统计和管理经济学…………………039

09 参观北京电影制片厂……………………044

10 长沙现场教学……………………………049

11 黎叔的市场营销学………………………054

12 领导力与会计学…………………………058

13 牛年的春节………………………………064

14 宏观经济学………………………………067

- 15 女性领导力 ……………………………………… 071
- 16 创业圆桌会 ……………………………………… 075
- 17 班级系列活动 …………………………………… 079
- 18 四渡赤水现场教学 ……………………………… 084
- 19 战略与战争 ……………………………………… 088
- 20 蔡大波结婚 ……………………………………… 092
- 21 供给侧改革 ……………………………………… 095
- 22 梅兰芳大剧院看戏 ……………………………… 099
- 23 学院的几个牛老师 ……………………………… 101
- 24 "字节跳动"的声音 …………………………… 108
- 25 暴雨中的北大情 ………………………………… 111
- 26 武夷山文化之旅 ………………………………… 114
- 27 两位金融大家 …………………………………… 120
- 28 移步换园上新课 ………………………………… 124
- 29 河南校友联谊会 ………………………………… 127
- 30 我的导师 ………………………………………… 130
- 31 资本战略 ………………………………………… 134
- 32 巨变时代的组织管理 …………………………… 137
- 33 战略管理 ………………………………………… 140
- 34 经营方略 ………………………………………… 143
- 35 北大的体育精神 ………………………………… 147
- 36 必修课商务英语 ………………………………… 150

37	联想全球总部	153
38	第六届国家发展论坛	156
39	天安门升旗仪式	161
40	虎年的春节	164
41	企业方法论	169
42	山东"现场"教学	172
43	武汉会晤	176
44	有好友到访	178
45	数字化加速时代	181
46	广联达企业游学	184
47	来自微软的驱动	188
48	跨文化领导力论坛	192
49	毕业论文答辩	196
50	北大毕业典礼	200
51	最后的宴会	204
52	毕业颁奖仪式	207
53	北大国发院毕业典礼	211
54	班级毕业晚会	215
55	恩师寄语	217
56	同学记忆	222
57	我们永不毕业	227
58	思辨商学再起步	232

01

想读商学院

对于青春，我总觉得亏欠一点儿什么。

少年时不知学习为何物，高中时又无所事事，勉强考上河南省信阳市一所农业院校。懵懵懂懂中读完大学，蓦然回首，青春已渐行渐远。

人生是一次单向旅程，为了心中那一片充满诗意的远方，不管阳光在何处，你总要不停地向前走。

我所在的大学地处豫鄂交界处，学校是国家统招院校，有着百年建校历史。在这里，我度过了几年难忘的大学时光。也正是因为这段经历，我才得以顺利进入双汇集团。

在双汇，一晃就是18年。

5年的时间，我从一名普通员工成长为中层管理干部。后又用了10年的时间，一步步走到双汇集团高层管理者的位置上。

2009年，竞聘担任双汇鲜冻品事业部生产部长，负责全国屠宰业生产管理。

2011年，被任命为双汇投资发展股份有限公司屠宰厂总经理。2012年10月，竞聘担任双汇集团家禽事业部总经理，同年12月兼任养猪事业部总经理。

那一年，我 30 岁。掌管双汇 30 亿元的产业，管理近 3000 人的队伍。这一干，又 8 年。

在此期间，我经常去北上广开会学习，结识了很多商界知名人士，他们大都在中欧商学院、长江商学院深造过。当时，我也产生了去读商学院的想法。

潜意识里，总觉得，人生不能少一段这样的经历。

2015 年 7 月的一天，在从北京返回漯河的高铁上，遇见了河南省豫剧院党委书记汪荃珍。她手里拎着长江商学院的书包，我很好奇地询问关于商学院的情况。

汪书记告诉我，在商学院既可以学到很多商业管理知识，也可以认识很多企业精英，读商学院是一件很幸福的事，有机会还是继续深造、提升格局为好。

作为一名德艺双馨的艺术家，她尚且还去读商学院。而我，作为一名职业经理人，更要积极学习啊。

从那次交谈之后，我更坚定了读商学院的决心。

时间推移到 2018 年，那时，双汇农牧事业部的各个项目基本稳定，我想读商学院的念头更为强烈，于是经常在网络上了解商学院的相关信息。

究竟去读哪个商学院呢？我思考许久，答案未定。

直到 2019 年 3 月，北大国家发展研究院 BiMBA 商学院（以下简称北大国发院 BiMBA 商学院），终于在我脑海里落地生根。

要读就读最好的。北大是我求学时代的珠穆朗玛峰，BiMBA 是商学院中的商学院，国发院是北大中国经济研究中心专家教授云集的地方。

想好了就行动。但是，该从哪里下手呢？这个问题，一直困扰着我。

在网站上，我找到了河南校友会秘书长李睿的电话。当时也没有多想，抱着试试看的态度，我把自己的简历和读北大的想法通过短信发给了李睿秘书长。

李秘书长很快回复了我，字里行间流露出一股挡不住的热情和鼓励。

2019年4月的一天，我从漯河驱车赶到郑州CBD玉米大楼，专门拜访了李睿秘书长。他详细介绍了北大国发院BiMBA商学院的情况，并一再鼓励我不用担心，只要认真备考，就一定能考上。

这事儿听起来容易，但现实尚不可知。

不过，经过与李睿秘书长的一番谈话，我确实信心满满。应该说，是李睿秘书长给了我信心。

按照北大国发院EMBA的招生说明书，我在2019年5月提交了网上报名申请，一个星期后通过审核，接下来就开始预约现场面试。

同年7月，北京大学朗润园，面试。通过率40%！

这一个个字，甚至一个个标点符号，都在轻轻地敲击着我的心扉。

商学院的面试无疑是严格的，但刚开始，我并不以为然。为何？我有着这么多年的管理经验，加上丰富的工作阅历，应该有足够的把握通过面试。

面试那天上午，我西装革履，打着蓝色领带，非常自信地走进朗润园。进门后，院子里摆了一张报到用的桌子，负责接待的是姚老师，手续办完后，每个人拍照留念。

其实，这一幕，也深深地刻在了我的心里。

穿过连廊，来到EMBA接待室，苏盛老师很热情地与我打招呼，并一再叮嘱我不用紧张，老师怎么问如实回答就好。

我是最后一个进去的，进去时充满自信，感觉一切胜券在握。

当时的面试主考官是范保群老师，在座的还有其他几位评委。他们各自从不同角度询问了各种问题，从中午十一点到十一点四十分，一直有老师在和蔼地问、耐心地听。

走出考场后我在想，评委们几乎把上午1/4的时间都给了我，而且还愿意听我滔滔不绝地回答，我有几分感动，也有几分激动。

——有戏！

我记得最清楚的一个问题，是让我谈谈最感兴趣的历史人物。

我随口作答，孔子、王阳明、曾国藩，历史上这三位人物，都是我比较熟知和崇拜的。

孔子是儒家学派的创始人，中国教育事业的开创者，学识渊博，官居大司寇，但由于看不惯鲁国的腐败和奢侈，周游列国寻找明主，实现自己仁义治天下的政治报复。但我认为，这和经理人跳槽是一样的，在哪儿都一个样儿，实现理想只能靠自己奋斗。

对于王阳明先生，我更多的是佩服。王阳明在历史上文治武功，奉命剿匪，平定宁王叛乱，一生没有败绩，很好地传承并创新了儒家心学，提出了"知行合一"的修身理论。

曾国藩作为"晚清中兴第一名臣"，更多的是看到了他的坚韧不拔、顽强斗志、屡败屡战的斗争精神，最终帮助清政府镇压太平天国，攻破南京。他是我心目中最优秀的职业经理人。

当时，没怎么思考，全盘托出。还好，20多天后，结果出来了，如愿以偿，顺利通过。最后才知道70多分，我瞬间脸红了，有点儿出乎我的意料。

通过这次面试，我也深刻地认识到什么是井底之蛙，什么是初生牛犊。我，一个养猪的职业经理人，来到北大大谈中国历史上的知名人物。这纯属关公门前耍大刀。面试过关已经体现了北大的包容之心，谢天谢地，再也不敢吹牛了。不知天高地厚，没有敬畏之心，就永远学不到真知，看不到真相。

02

参加全国统考

传说中的备考开始了。

对于每位学子来说，这是生命的转折点，也是人生的新起点。升上去登天，退下去落地。虽有点儿夸张，但也确实如此。

大学时学的那点儿东西早已还给了老师，现在只剩下一颗咬定青山不放松的进取之心和一种必胜的信念。

收到面试通过的通知，我开始筹划备考笔试。那段时间，我仿佛又回到了高中时代。只是，年龄长了20岁。

有些本事不是练出来的，而是被逼出来的。为了这次的人生晋级，我必须赌上一切。先是列了一个备考计划，接下来就不遗余力地执行。平时每天学习不低于两个小时，周末全天在岗。出差、出门学习资料随身带，见缝插针、争分夺秒。

一开始很难进入状态，虽然家里和办公室都堆满了学习资料和试题，但是总感觉静不下心来，耐不住性子，学不进去。我自己也意识到了，这种状态不行！

转眼到了九月，我还是没有太大的学习成效。尤其是数学和英语，对我来说，这两门简直比养猪都难。这等效率怎行？必须改变！

早上出门等车的空当，我会拿出来书本背几道题。路上的半小时，再看上一会儿。在工作的空当也会集中精力做题，晚饭后是最佳的学习时间，可以一口气学到深夜十一点。

前所未有的学习热情，当初高考也没有这样。哈哈，补吧，欠下的都要还的，不管是10年还是20年。

距离全国研究生统考越来越近了，我仍然没有把握。为了一战告捷，我做出了一个惊人的决定：辞去农牧事业部总经理职务，请假一个月备战考研。

这个决定让很多人无法理解，好在家里人没有反对，为了能考上北大研究生，我也是拼了。

拼吧，人生只有不断地向高处攀登，才能看到更多更美的风景。

于是，我提前一周去了北京参加考前复习。

那些日子，我放下世间一切烦恼，一心朝着目标前进。

那段时间，一切都在为我的目标让路，感觉浑身都是动力。人生尽情搏一把，不枉人间走一遭。

最后一周复习，只有忘我和入迷。效果明显，我的心里也有了几分把握。

一直以来的紧张和忙碌，总要找个地方释放。离全国统考就剩两天了，成败也不在这两天了。旋律还高低起伏呢，更何况人生状态。

对于考试，我每次都很认真，也很自信。第二天下午去认考场，在考场见到了陈莉娜，她是我在北大校园认识的第一位同学。这是一位很可爱的女生，大大的眼睛，讲起话来娓娓动听。我们一起喝咖啡，一起去买了铅笔、橡皮，聊到天黑方才离开校园。

2019年12月22日——好事成双。这真是一串吉利的数字。在这一天，我们迎来了全国硕士研究生统考的日子。

一大早，我从北京文津酒店出发，步行大约15分钟来到北大东门，顺着方向找到考场，早上七点半考场仍然封闭，楼前站满了考生，考生的眼神里都写满了各种故事。北京的冬天真是冷得刺骨，外边穿着厚厚的羽绒服还不行，大家都在不停地跺脚搓手，嘴巴里呼出长长的热气。

等到早上八点考场方可入内，八点半准时开考，中午十一点半交卷。无疑，这三个小时考的是知识。

我坐在最后一排，平生第一次见到3个监考老师、4个摄像头。北大考场的严肃性远远超出了我的想象。

英语10题，逻辑5题，数学5题，商业论述和商业案例各选两题。

题量真够大啊，稍微磨蹭点儿，时间到了也做不完。这次考试整体发挥较好，走出考场时还琢磨着八九不离十，应该可以上岸。

中午和同考场的白立勤一起去吃饭，一边吃着兰州拉面，一边谈论着考题的情况，两个人相互对对答案，脸上泛起丝丝缕缕的微笑。饭后沿着人行道回酒店休息，躺在床上反复地回想考试的前前后后。

在这个难忘的夜晚，月色渐渐淡去，人影渐渐散去。次日一早，带着各种考试的悬念返回河南。

03

等待通知书

像等待孩子的降生一样，我在等待着一个未知的消息。

再过几天，就是2020年了。这几天，我一直躲在小楼里，思考着自己的前20年和后20年。

我现在能做什么？明天将从何起步？走向何方？一边总结着昨天，一边谋划着明天。

从高中考上大学，由农村走向城市，我实现了人生的第一次跨越。毕业后进入双汇工作至今，成为世界500强企业的高管，拥有了幸福的家庭，有房有车，正所谓实现了五子登科。

昨天画上一个圆满的句号，但相比于我漫长的一生，这又是一次新的开始。在昨天和明天之间，今天是我最悠闲、最自在的一段时光。这段时间，我每天无忧无虑，读读书，看看电视，早上顺着沙河大堤散散步。

这是平生从未有过的宁静。趁着这个短暂的过渡，在这段宁静美好的时光里养精蓄锐吧。

一转眼春节快到了，这是我参加工作18年来第一个可以自己做主的春节。这个春节，我们计划等孩子放假后到信阳商城过年，然后开启自驾游模式，从黄山到景德镇，再到井冈山等地。时间已到小年二十三，微信朋友圈和电视上，都在报道武汉部分医院出现新冠疫情的消息，并且有快速扩散的势头。

新年将至，全国震惊。河南各个城市开始戒严，各个路口都在排查武汉的返乡人员。为了安全起见，我们选择留在漯河以观其变。

因为新冠疫情的出现，春节外出度假的计划被迫取消。这个假期，只能待在家里了。待在家里别乱窜，就是为国作贡献。

这一待就是三个月。在这三个月里，我很坦然地等待一个消息，也很从容地度过每一天。

防疫的日子，时间过得很慢。我就待在家里，认真地研究平时很少有时间钻研的国学书籍，如《道德经》《论语》《孟子》等。

很多事，努力了也就无憾了，决定了也就从容了。

这次报考北大，当然是为了更好地开启以后的人生旅程，后半生来一个漂亮的转身。希望能够进入梦寐以求的大学继续深造，从商学院找到再次腾飞的平台。

好消息终于如期而至。2020 年 4 月 25 日，我收到了北大国发院的预录取通知书，红色的通知书里还有致 2020 级 EMBA 新生的一封信。读后心潮澎湃，在此也与读者朋友们分享一下，已阅的跳过，未阅的继续。

亲爱的 2020 级 EMBA 新生：

祝贺您正式成为北京大学国家发展研究院 EMBA 学子！从今天起，您拥有了一个全新的身份——"北大人"！北京大学创办于 1898 年，是中国第一所国立综合性大学。作为新文化运动的中心和五四运动的策源地，北京大学为民族的振兴和解放、国家的建设和发展、社会的文明和进步做出了不可替代的贡献，在中国走向现代化的进程中起到了重要的先锋作用。鲁迅先生曾说，"北大是常为新的，改进运动的先锋，要使中国向着好的，往上的道路走"。爱国、进步、民主、科学的传统精神和勤奋、严谨、求实、创新的学风在这里生生不息、代代相传。

读万卷书，行万里路。未来的七百二十天，除了在校园中"风声雨声读书声声声入耳"，您还将深入企业现地探究实战经营方略，移步赤水河畔体会毛泽东灵活用兵的战略战术，到曾国藩故居揣摩中国式管理的精髓要义，走出国门在异域文化的碰撞中反思中国企业何去何从，从小我走向大我，"家事国事天下事事事关心"。相信您已经满怀憧憬，期待开启这段逐梦北大的旅程。

此刻，不期而至的新冠疫情为我们2020年相聚国发院增加了一个变奏符，让原本节奏鲜明的入学进行曲变为更加充满期待的变奏曲。经此一"疫"，我们不仅共同见证了这段历史，更需要以此为新的起点，共同探寻在新的世界格局和中国叙事下，如何站在更高的视野和格局打造我们每一个人的家国天下。此时的北大校园已经生机盎然，静待您的加入。北大国发院全体同人，期待在校园重启后在庄重典雅的朗润园与您相见，并预祝您学业一切顺利！

北京大学国家发展研究院 EMBA 中心

这是真的？这是真的。

这是真的……接到通知书我兴奋了很久，通知书也看了很多遍。梦里？现实？现实。梦里。

全国抗疫工作初步取得胜利，人们的工作生活已基本恢复正常秩序，终于可以出门了。2020年5月初，双汇集团人力资源部再次督促我尽快上班。去吗？

对于我在双汇的去留，我是到了该做出决定的时候了。一天上午，我在沙河大堤上来来回回地踱步，思考下一步的人生路，权衡事业与学业，走来走去，思来想去，觉得真的好难取舍啊，舍哪都心痛……

全身心去北大读书吧！——这是我最后的决定。

未来何去何从？我当时并没有完全想清楚。但双汇的职业生涯到此已画上句号，万千滋味在心头。

明天的路，期待在下一个黎明起步。

大丈夫敢做敢当，好男儿志在四方。既已决定，那就一路向北吧。

因为疫情，北大的开学时间一时难以确定，只能待在家里读书，每天研究企业管理，借此机会全面梳理和总结管理经验，开发企业管理培训课程，以便未来的业务培训使用。

经过几个月的思考，我决定在中国农牧业领域创办商学院，发挥自身的企业管理优势，真正做到理论和实践相结合，以改变中国农业重技术轻管理的现状。

想到做到，说干就干。

于是，我就着手开始注册"河南思辨商业管理有限公司"，并在2020年7月8日那天拿到了营业执照。

这边的营业执照刚暖热，那边的热身班会就开始了。2020年7月27日，接到李然班主任召开网上班级见面会的通知。"就在今晚！E20，与你云见面。"

当天通知，当晚开会。这是班级第一次正式会议。

晚上八点，班会正式开始了。班主任先是介绍了一下班级的画像，接着每人两分钟的自我介绍。100人，北京的学生70%，女生33%，平均年龄39岁，各行各业都有。这是我在第一次班会上所了解到的信息。

我本以为第一次班会都开过了，我已经是正式的"北大人"了。然而，8月1日那天，我才收到北大研究生院招生办公室的正式录取通知书。

同时，与通知书一起到达的三本书，《胡天汉月映西洋》《改革的追问》《反脆弱》，让我一见如故。不仅从中感受到了北大视野，也感受到了北大胸怀和北大性格。

04

戈15出征仪式

玄奘之路商学院戈壁挑战赛，简称戈赛，这是在华语商学院的EMBA学员群体中开展的一场体验式文化赛事。从2006年至2020年，戈赛已举办到第十五届。

2020年9月5日，北大国发院征战戈15出征仪式在北京市昌平区朗丽兹大酒店举行，本次出征仪式班里共有30多名同学报名参与。

为了参加这次出征仪式，也是国发院E20级的首次活动，我特地从厦门飞到北京，于前一天晚上十二点才赶到酒店。

在我的概念里，仪式感就是存在感。

这不是我们为他人留下什么印象，而是自己的心在真切地感知生命，热忱地拥抱生活。即使一个人，内心也要活得像一支队伍，我认为这是人生最高级的仪式感。

所以，我毫不犹豫地来了。

来到了戈15出征仪式的现场，尽情地、开心地、忘我地融入一个新集体之中。

朗丽兹大酒店如其名，这是一个很大很美的庄园酒店。酒店美景如画，每到一处，都有水草轻轻地在水底招摇。在青青的水波里，时不时地，有几尾观赏鱼在荷叶间穿梭，水里也有乌龟，还有多年未捕过的大鲤鱼。在这里转上一圈儿，犹如置身世外桃源，整个身心都是那么清爽。

心中幽静，走到哪里都是风景。身处美景，心中之画步步升腾。

走到报到处，看到班里的梁倩倩，她正在门口登记领取入场红包，只听到"哇"的一声大叫，她在高呼："我中奖了！中奖了！"同学们都围上来，见里面写着"装备"二字；负责发奖品的是E18王冰大姐，她把一顶黑白相间的遮阳帽送给她合影留念，梁倩倩幸福得像个孩子，兴奋不已。

看着她幸福地笑，我也不知不觉地笑了。这个时候，我才发现，原来幸福是可以相互传染的。

我在等待着，等待着，期待看到一个熟悉的面孔。大概下午四点时，韩勇来了。

当然，因为熟悉也就备感亲切。我带韩勇先去报到后去领背包等物品，然后一起到大门口报到影壁墙拍照。刚出门看到一群同学正在围着李然老师合影，只见摄影师不停地指挥按快门，同学们一个，两个，成群的，摆着各样的姿势合影留念；我和韩勇也趁机和一圈儿女生合围班主任李然老师一起拍照，来记录这一美好时刻。

毕竟，这一刻也是有纪念意义的，它也是我们人生的刹那，一眨眼就一晃而过，即便再回头，也是抓不住的。

在拍照的人群里，有一位雷东同学，上身白T恤，头戴黑色棒球帽，只知道有这位同学，因为班里姓雷的只有两个人。第一次见面，略显陌生，只是看着他深色的脸膛深深地疑惑，我在心里嘀咕：这哥们儿应该比我大。后来才知道，他比我还小两岁。再后来，我们同为戈壁五组的成员，成了最好的朋友。

时间很快就要到了，会场里坐满了人。随着主持人的登场，会议室恢复了短时的平静，大屏幕开始播放戈15征战沙漠的纪录片。

茫茫大漠，成群的北大国发院勇士，克服种种困难，一起穿越沙漠，很多感人的场面，让人流下幸福的泪水。

短片结束，在主持人的引导下，开始了一场接一场的交接仪式和院领导讲话。此次仪式对我感触很大。我从中了解到，玄奘在西行的路上，上有飞鸟，下有走兽，四顾茫茫，人马俱绝。纵然如此，依然立下誓言：不求得大法，誓不东归一步。

为了探究佛教各派学说，玄奘西行5万里，前后17年，学遍了当时大小国的各种学说，并与一些学者展开辩论，名震五竺，最后将657部佛经带回中土。

又用了近20年的时间，玄奘及其弟子翻译出75部、1335卷佛经。将西游亲身经历的110个及传闻听说的28个国家、地区、城邦的山川、物产、习俗等编写成《大唐西域记》。

那一晚，在聚光灯下，我一直幻想着玄奘西行的各种镜头，猜测戈壁的神秘之处。

报告结束后，宴会开始了。

我们班整整三大桌，同学们个个都掩饰不住内心的喜悦，纷纷起身碰杯，相互作自我介绍。E20都是新生，更是踊跃参与。

好不容易轮到我们了，也不管几个人，能照上已经不错了。在李然老师的帮助下，我们也拍了很多组合照。

愉快的时光总是那么匆匆，时间很快到了晚上十点多，我和韩勇举起戈壁挑战赛出征仪式的条幅，所有人来到舞台上，"咔嚓"，一张大合影。

此时此刻，镜头闪过，张张笑脸，永久定格。

在这张大合照上，这些读EMBA的同学，平均年龄在40岁左右，最低从业时间也是10年以上。大家都来自不同的行业领域，且每一位在各自的岗位上都是相当优秀的。这样的一群人聚在一起，确实有很多共同话题，对职场的认知也多有同感。每个人都敞开心扉，想聆听一下来自异域的声音。

在此之前，也许我只知道一个名字。但在此之后，我却知道了你是谁，你的昨天，你的今天，你喜欢什么，你干过什么。于你，于他，于我，皆如此。

按照行程计划，我在第二天下午返回河南漯河，开始准备征战戈壁的行囊。

回程是为了再出发。人生就是这样，奔波在一次次出发又回程的路上。不停地在梦里回首，在现实回望，一遍又一遍地校准人生前进的方向。

05

在敦煌落地

飞机掠过高高的云层,一个大大的戈壁行囊和一本介绍河西走廊的书,伴我飞过了一片寂寞而辽阔的蓝天,于下午五点十分准时在敦煌落地。

河西走廊,这片梦一样的远方。今天,我来了。

走出候机楼,眼前的敦煌天高云淡,微风轻轻吹着,沙尘漫天翻飞,一股文化的厚重和历史的苍凉扑面而来。

这就是大西北,这就是异域风情。

虽已是初秋时分,并没有感觉到丝丝凉意,路上行人依旧是一件单薄的衣衫。打车来到敦煌党河西侧,河西走廊大酒店到了。我拎着行李走进大厅,来到房间,扔下行李,坐在沙发上,拧开矿泉水,咕咚一下,喝了个底朝天。

两眼迷糊,把全身疲惫全部扔在了床上。就在我闭眼睁眼间,一个多小时过去了。醒来一身轻松,头脑清醒。我开始联系师兄智勇辉,询问他火腿肠的下落。

这次戈壁活动,我先前是答应同学们提供双汇火腿肠的。出发前专门挑选了5个品种,提前邮寄到我们入住的酒店。对于智勇辉师兄,我们其实并没有见过面，我只有李然老师提供的电话。电话拨过去，师兄告诉我放在七楼会议室对面的小房间，一切完好。

虽然师兄告诉我没有问题，但多年的职业习惯促使我还是跑到七楼的房间亲自查看一下，确认每箱产品没有破损，我才安心下楼找师兄见面。

在大厅里，我看到智勇辉师兄身穿红色的E19戈壁队服，瘦瘦的，看起来很精干。他很热情地与我握手，并告诉我他提前来酒店，第一件事就是清点物资，并搬运到储物间，有什么问题和困难尽管找他。说话和做事如其人一样的精干利索。为表达感谢，我邀请他一起吃晚饭。他说晚上还有工作，很遗憾不能一起出去。敬业如他，优秀如他，我深表叹服。

走出酒店已是晚上七点多，敦煌的夕阳，仍然在暖暖地照着大地。

我在群里联系上已经到达的李曙光、王志芳两位同学，通过百度地图搜索到河对面一家胡羊焖饼，三人约定在饭店见面。在聊天中得知，原来王志芳和李曙光都来自秦皇岛，李曙光是做钢铁生意的，王志芳于2010年开启创业之路，成立一家环保公司，是主要处理有机物循环利用及土壤肥力增加的高新技术企业。

第二天早上，我吃完早餐打车去了敦煌博物馆，由于急着赶车去敦煌机场接李然老师和同学们，进去后楼上楼下匆匆转了一圈儿就出来了。

到达机场，我们拿上先前做好的北大E20接机牌来到出口处，不一会儿17名同学在李然老师的带领下出来了。举起北大国发院的旗帜，我们在敦煌机场的广场中央合影留念。

下午的行程是鸣沙山月牙泉。月牙泉在敦煌市的南端，景区内两侧商铺林立。同学们根据自己的需要，分别购买了牛仔帽、墨镜、鞋套、头套等，准备进入沙漠使用。顺着景区的中心大道向前走大约500米，是一个很大的牌坊，悬挂的牌匾上写着"鸣沙山"几个烫金大字，高大的牌坊孤零零地立在那里，四周没有建筑物相连。穿过门廊，即是满眼的大沙山。

在太阳的照射下，满山的沙子闪闪发光，给人一种热浪从远处滚滚袭来的感觉。

看完鸣沙山，我们就急不可耐地乘上电瓶车前往月牙泉。一路上，成群结队的驼队载着游客一字前行，驼铃悠悠地响，游客们开心地摆出各式各样的姿势拍照。

鸣沙山和月牙泉是分不开的，月牙泉位于鸣沙山脚下，形如月牙，转几道小湾即到。

说起来也神奇，茫茫大漠，唯独月牙泉这一凹地，绿水涓涓，经久不涸。泉水东深西浅，最深处约5米，弯曲如新月，因而得名，有"沙漠第一泉"之称。因"泉映月而无尘""亘古沙不填泉，泉不涸竭"而成为一道奇观。

鸣沙山和月牙泉是大漠戈壁中的一对孪生姐妹，"山以灵而故鸣，水以神而益秀""鸣沙山怡性，月牙泉洗心"。

月牙泉东侧立有石碑"第一泉"，同学们在此纷纷合影留念。大概用了近一个小时的时间逛完了月牙泉上面的亭台楼榭，我还饶有兴致地购买了一套茶具和景区特色的学习用具准备带给孩子们。

蓝天下的鸣沙山美丽至极。看到此景，有几位同学特别兴奋，坚持要爬上去看看敦煌全景。

从月牙泉出来后，我们就沿着步道向东侧前行。遗憾的是，那天我没来得及换鞋，也就没有去爬山。史艳丽同学也不想去，我们两个就一起来到景区凉亭下，一边聊天喝水，一边远远观望同学们爬山的身影。直到下午三点多，我们才一起汇合走出景区，大家被鸣沙山、月牙泉的景色深深吸引，久久不愿离去。

敦煌这里的很多东西都极具地方特色，没去过的人根本想象不出这里究竟是一个什么模样。

就说这个又见敦煌演出基地吧。远看是一堆微带绿色耀眼的玻璃房子，走近是巷道式的通道，迂回好多圈，你才能到达第一演出大厅入口。

这是个很大的半地下式演出基地，里面共分为4个大的区域和演出场景。第一个演出大厅是长方形的，有几百人的演出团队，从汉朝一直到近代人物的巡演。第二个大厅是正方形的，比第一个大厅高大得多，主要是表演石窟飞天。第三个演出大厅比较奇特，是分很多墓坑立体演出的，主要展现历史人物的服装和面容。第四个演出大厅比较富有现代和科技感，这里有大约500人的观众席，终于可以坐下好好欣赏了。在前三个大厅观看表演，观众都是站着的。

演出主要是通过灯光、电动、升降、国画、灯具等方式，来展现一个个鲜活的历史人物。总之，让你感同身受，犹如身临其境。

按照约定，我们要在2020年9月18日上午参观莫高窟。上午七点多钟，30多名同学早早地在酒店大厅集合。我们首先观看了河西走廊宣传片，接着又在一个球形的立体放映厅观看了敦煌莫高窟纪录片，然后乘坐大巴前往莫高窟景区。

莫高窟终于到了。

来到这里，感觉脚下的每一粒尘土，甚至都携带着一个古老而神秘的故事。这里明显可以看到两山夹持所形成的一个巨大的U形大湾区。按照地形来看，其独特的优势可以减少风沙的侵袭。也许这就是古人选择在这里凿壁开龛的原因吧。

让我最震撼的是景区的大杨树。树的腰围大多在一米以上，但其高大的枝叶并不茂盛。

在这大漠深处，胡杨把生命活成了一个奇迹。生而不死一千年，死而不倒一千年，倒而不朽一千年。三千年的胡杨，一亿年的历史。

然后就是峭壁上的洞穴了。莫高窟，俗称千佛洞，坐落在河西走廊西端的敦煌，是世界上现存规模最大、内容最丰富的佛教艺术地，为中国三大石窟之一。

跟着导游不知参观了多少洞窟，但印象最深的是编号为96号的洞窟。此窟开凿于初唐，也即618—705年，窟内的大佛高34.5米，是莫高窟的第一大佛。

来敦煌，藏经洞是跳不过去的一笔。参观完莫高窟的第一大佛，我们就来到著名的藏经洞。

遗憾的是，在莫高窟居住的道士王圆箓竟然以4块马蹄银（共130英镑）卖掉了9000多个经卷、500多幅绘画，共29箱。

我们不能以一个完人的标准去审视王圆箓，或许只有把他放在当时的历史情境中去理解，才能得出客观公正的评价。

当我们离开藏经洞时，满脑子的壁画和佛像在我眼前一幕一幕地掠过，仿佛回到了盛唐时期的河西走廊。

06

莫问尘与土,但追云和月

莫问尘与土,但追云和月。

这是北大国发院 E20 河西走廊戈壁行的主题。

这份超现实的浪漫,的确够励志的,每个人看到后都有一种乘风破浪的感觉。

2020 年 9 月 19 日,按照计划下午三点开始的现场教学活动,却并没有准时开始。班中有 8 名同学因为航班晚点未能准时赶到。为了不让每一位同学留下遗憾,班主任李然老师特地把时间推迟了半个小时。

本次活动共有 4 项内容:首先是 9 个小组的亮相仪式,其次是宫玉振教授的盛世之道课程,再次是柴豫荣老师介绍戈壁穿越注意事项,最后是师兄介绍穿越戈壁的经验和教训。

由于活动众多,内容丰富,其中有 10 个瞬间是最为精彩的。细心的张彤老师还详细地记录了每一个细节,在这里与各位读者朋友一起分享。

A. 点将台上龙吟虎啸

一分钟定输赢,说的就是第一印象。

在这次戈壁行的活动中，特别是在 9 个小组的亮相仪式上，为了能够给老师和同学们留下一个美好的印象，9 个小组可谓是八仙过海，各显神通。

每个小组不但提前一个月设计好了队服，还精心制作了队旗，甚至小组的每个人也都精心地打扮了一番。一个个激情满怀，热情高涨，他们或将自己比作武林人物，或以战狼自喻，龙吟虎啸，各领风骚。

同学们充分的准备，让每个组的亮相都惊艳全场，也获得了场内一阵阵的掌声和一声声的喝彩。

这是同学们第一次见面，很多人都叫不上名字。我只记得我们小组的队名是"沙漠赤兔，永不止步"。说起队名的由来，的确有点儿意思。"兔子"是我们队长韩娇婧的外号，赤兔寓意关羽的赤兔马，一骑绝尘。

我们组的成员有韩娇婧、姬美伊、赵珍珍、易涛、杨立贺、周涛、鲍光勇、雷东、雷永辉。那天我们第五个亮相，同学身着白色的 T 恤，胸前印着一个大大的兔子头像。

轮到我们组亮相时，九个同学一字排开，这阵势的确很气派，再加上那震耳欲聋的口号，全场为之震撼。

走下舞台，彼此击掌共鸣：Oh, yeah！

B. 盛世之道的大开大合

敦煌，古代丝绸之路上的重镇。此间兴衰，与中原王朝的兴衰紧密相连。在宫玉振老师的课堂上，他带领同学们"思接千载"，回望了曾经汇聚在这里的历史与文化，同学们也都为之震撼、感叹。

先看西方，罗马帝国的兴起，亚历山大的东征，对丝绸之路的形成造成了巨大的影响。再看东方，汉武帝时期出于应对北方游牧民族威胁的需要,也开始着手打通河西走廊,进而经营西域。亚欧大陆两端的文明,由此开始历史性地融合。

在历史的大开大合中,汉唐出现了盛世繁华。敦煌莫高窟那极高的艺术成就,正是那个辉煌时代的见证。我们都为之深受启发。如今的中国,如今的我们呢?

宫老师希望同学们透视盛世领导力的内涵:开放、进取、自信,并进而把这一精神气度,在自己未来的学业和事业中,灵活变通地加以应用。

C. 河西走廊的坚守

这里我们要隆重介绍一个人,他是退而不休,且一直坚守在文物保护和文物发掘工作一线的北大校友、瓜州文物局李宏伟局长。

李局长已经60多岁,在瓜州文物局工作了几十年。本来他已到退休年龄,可以在家安享晚年了。但是,为了自己挚爱的事业,他退休后仍默默耕耘在河西走廊这片文化的沃土上。

2020年9月20日上午七点半,我们一早在河西走廊乘车,经过两个小时的车程来到瓜州,第一站是唐朝的玉门关遗址。在李局长的带领下,我们站在外围参观了城墙遗址,面积大概有150亩(1亩≈666平方米)。虽然只能够看到残缺不全的城墙,但走在一墙之隔的城外,我们依然能够想象出唐朝军队和百姓生活的艰苦。

来到锁阳城遗址,简单的休整之后,我们进入会议室,李局长就开始热情地为我们讲解河西走廊的历史战略地位,敦煌莫高窟和榆林莫高窟的不同,唐玄奘西天取经的历史真相等。这真是一次详细的历史呈现。

聆听着李局长声情并茂的讲解,我们仿佛也跟着他来了一次时光穿梭。我在想,只有真正热爱的人,才能把课讲到这个地步,把枯燥的文博工作做到这个地步。

瓜州的文化和考古内涵，李局长娓娓道来，其本人对学术、对中华文化的一片赤诚之心，令同学们为之动容、敬佩不已。几十年来，为了瓜州的文博事业，李局长一直坚守在河西走廊。

其实，他本人，于我而言，就是一本最好的教科书。

D. 金戈铁马今犹在

雅丹地貌，祁连雪峰，沙丘红柳，大漠落日。

锁阳城的一景一物，都在展示着一种自然的美、残缺的美、悲壮的美。

回头看，在盛世唐朝，它是屯兵之所。在旌旗猎猎、战马嘶鸣中，这座古老的城池，它不仅给我们留下了一串串朝代更迭的印记，也记录了一幕幕风云际会背后的脉脉温情。

地上有原始的自然美，地下有文化的悲壮美。所以，今天的锁阳城遗址，这一世界文化遗产，它是人类古文化与大自然完美结合的一个奇迹。

锁阳城是我国目前保存最为完好的汉、唐、西夏古城之一，它是集古城址、古河道、古寺院、古墓葬、古垦区等于一体的古文化遗存地。

这里的古代军事防御系统和烽燧信息传递系统是我国保存最为完好的典型范本。这里沧海桑田的沙漠化演变过程是中国西部最典型的活标本。

伴随着宫老师和李局长情景再现般的讲解，金戈铁马仿佛从历史深处走来，满城都是车马喧嚣，一场碎石战分分钟就要轰隆隆上演。

这里是马儿面，那里是女儿墙。

这里是与城墙形成掎角之势的堡子，那里是储藏军需的粮仓。

唐王朝就是在这里设下一座防御的城池，抵挡从青藏高原下来的吐蕃军队。站在夯土墙下，我们感受到了河西走廊在世界文化历史上沉甸甸的分量。

E. 追一颗西行之心

在茫茫大漠中，迎着扑面而来的沙尘暴徒步 16.6 千米，追随玄奘西行的脚步，一路向西，我们也成为其中的一员，行走其间，跋涉其中。

绕塔 7 周，告别玄奘在塔尔寺的讲经说法地。同学们第二次来到了锁阳城遗址的起始点。这一次，我们要沿着当年玄奘的西行之路出发。

那一天，我们行走在戈壁上，遥想玄奘西行的模样。

那一天，"好风凭借力，送我上青云"——七级沙尘暴推着我们提前半个小时抵达终点。

那一天，我们手牵着手，一直牵到了尽头。

整场活动，既有老师传授知识的琼浆玉液，更有同学们才艺的精彩亮相；既有瓜州锁阳城遗址的现场讲解，更有戈壁滩上十几千米的携手徒步。

莫问尘与土，但追云和月。

这云，这月，是每个 EMBA 新生的理想，也是每个人对未来的期许。

哪怕"西天万里遥"，只要我们以玄奘精神、以北大国发人的风貌笃定前行。古瓜州，古劲苍凉。

漫天风沙，遮住了双眼，却遮不住一颗颗坚定的"西行之心"。当年，玄奘走在这条路上，可曾也遇到这样恶劣的天气？

是什么让他"宁可西行一步死，绝不东行半步归"？

16.6 千米，从坚持到超越！走吧。

F. 戈赛精神永闪光

2019 年，国发院戈队获得了"十项全能大奖"。

2020年，金秋十月，国发院戈队再次踏上新征程。

在此次戈壁行大典仪式上，A队部分队员及教练亲临戈壁大典现场，向新生们传递戈赛精神：理想、行动、坚持、超越。

戈壁挑战赛以团队竞赛和个人体验相结合的方式进行，分A、B、C三支队伍，每个参赛院校自由参加。

A队以竞技为主，从戈壁挑战赛的起点阿育王寺出发，参赛队员将在四天三夜时间里，通过团队结组，每天行进27~33千米，徒步穿越121千米的无人戈壁，途经风蚀雅丹地貌、戈壁地貌、砂石路、河道等，最后冲向戈壁清泉。

B队只需要在8个小时之内走完赛程。C队则体验式走完一天的赛程。

戈赛是华语商学院开学前的拉练活动，而我们E20新生徒步16.6千米，原来只是戈赛中的一个体验版。

但是，戈赛精神要在这次体验中超越。在未来的日子里，我们也将以此为戒，将戈赛精神发扬光大。

G. 与历史隔空对话

这是一次与历史隔空对话。E20新生陈莉娜感言。

"虽然不小心崴了脚，但拖着、背着、扛着，还是要抵达终点。

"行走戈壁天地间，我们第一次放开自己。

"穿梭于瓜州故城，我们的豪迈之情油然而生！

"你是风儿我是沙，在团队中，我们发现了自己的力量！

"两个老师都带着光，他们对知识的传播与信仰，让我们湿了眼眶！"

在穿越沙漠的过程中，我们五组并不顺利。一开始的几千米，大家都觉得新鲜刺激，风沙也挡不住大家的似火热情。组员们各自行动，并没有太多的负担。

但走到大约一半路程后，姬美伊和赵珍珍体力明显不足，只好把背包分给我和易涛。由于多年来忙碌于工作，我的体力也远远不如20年前的大学时代。

其实，走到一半时，我自己都觉得喘不过气来了。但为了团队的荣誉，为了锻炼自己的意志，我仍然接过了姬美伊的背包。

她的背包约有10公斤重，也不知道里面都装了些什么东西。但既然接过来了，我必须咬牙坚持。

黄沙漫天，北风呼啸。

是啊，你是风儿，我是沙。你是玄奘，我是谁呢？

既然来到了这里，如果连体验版也坚持不了，那怎么在以后升级呢？

既然踏上了这段西行之路，如果不能与自己对话，不能与风沙对话，那又怎能与历史对话呢？

在天气极其恶劣的情况下，隐约可见的队员，一个个坚定必胜的信念，抱定必胜的决心，发誓不管如何，都要全员抵达终点。

H. 戈壁滩上的狂欢

当看到营地的那一刻，我们狂呼着冲到老师身边。

那一刻，每个组员都心潮澎湃。那一刻，所有的风沙和疲惫都烟消云散。

为了以示鼓励，李然老师给每个人都挂上一个奖牌。一个个卸下背包瘫软在沙地上，休息了好一阵，才勉强坐起来活动。

这次沙漠穿越，9个小组，16.6千米，两个半小时，成绩相当优秀。

为了庆祝沙漠穿越的圆满成功，学院安排了烤全羊、西瓜、啤酒、饮料，让大家尽情地享用。

大约晚上七点,风停了,天空中撒满了星星,大漠一下子变得安静祥和。

我们脱下徒步行装,换上五颜六色的表演服。虽瑟瑟发抖,却庄重依旧。在声光电完美结合的舞台上,一个个舞蹈也是妙不可言,9个小组分别上演了《射雕英雄传》《千手观音》等节目。

那一晚,戈壁滩再一次被装点,生机盎然,靓丽惊艳。

I. 你是今夜的英雄

今夜,每个小组都有着不一样的美丽。

按照戈壁C队的规则,学院设置了三个奖项:第一名,"戈壁战神奖":久久归E(第九组);第二名,"戈壁亮剑奖":战狼队(第八组);第三名,"戈壁红日奖":沙漠赤兔(第五组)。

我们小组尽管两名女同学的体力不佳,但队员们仍然不离不弃,坚持一路同行,相互搀扶,最终以第三名的成绩获得"戈壁红日奖"。

沙漠赤兔,永不止步。我们说到了,也做到了。坚持就是胜利,团结就是胜利。

那一夜,在大漠的朗朗星空下,在呼噜声、汗臭味、北风呼啸的催眠中,我们睡得很香甜。

读万卷书,行万里路。我们总是在行走中才能发现自己,或者说才能遇见自己。而我们唯一能够影响别人的,也许正是自己的行动。

在几天远离城市的集体生活中,大家都经历了一场从身到心的洗礼。

J. 我们找到了"北"

E20,没你不行! E20,一起前行!

2020年9月20日，活动圆满结束。同学们列队成"E20"，向天地宣告这样一个团结向上的新集体的诞生：莫问尘与土，但追云和月。

经此"开学第一课"，在我们的行囊中，已经装满了智慧与勇气，只待真正的出发！

在这里，我要特别提一下张彤老师。河西走廊酒店的课堂上，我是第一次见到她。至今我也没有问过她的年龄，目测应该比我小，虽然还没有开学，但在公众号上能够每周见到她的文章。

这次戈壁挑战赛的主题，"莫问尘与土，但追云和月"，就是出自她的手笔。

这是一个多么浪漫而有情怀，淳朴而又文学味十足的定义啊。我第一眼看到后，直在心中大呼：高！大！上！

戈壁之行，同学们感慨良多，北大EMBA微信公众号后来还推送了易涛的文章：《我在敦煌的三次"穿越"》。

"单车欲问边，属国过居延。征蓬出汉塞，归雁入胡天。大漠孤烟直，长河落日圆。萧关逢候骑，都护在燕然。"我对敦煌最初的印象，不是来自王维的《使至塞上》，而是余秋雨的《文化苦旅》。

记得20多年前读到《文化苦旅》中的一篇《道士塔》，我印象特别深刻，此文讲的是道士王圆箓的故事。

我当时怎么也想不明白，一个几乎是文盲的道士，怎么就当了佛教圣地莫高窟的家？后来，王道士发现了藏经洞，最后让一个英国人用130英镑就买走了我们的文化瑰宝。

读到这，我痛心不已！后来去四川省博物馆，在张大千先生的敦煌画作前，我站立了许久。

不同文化、不同宗教、灿烂辉煌艺术的荟萃之地，当属敦煌莫高窟，当然心中也一直对敦煌充满了神往。

汉塞、胡天、大漠、长河，我人生中第一次来敦煌，而且是和北大国发院的同学们一起。

几天的活动，从观光心态到躬身入局，从城市生活到沙漠戈壁，从个人思考到集体行走，从感冒初愈到筋疲力尽。在尘土之中，我们经历了多次穿越，看到了那瑰丽的云和月。

初见敦煌，梦回大唐。

看着瓜州博物馆的唐朝地图，从深邃宁静的贝加尔湖到广袤的西域，还有南边的大海，举头望明月，又看到了李白的故乡……盛世之下，国土辽阔，花开满地。即使贫瘠、荒凉如敦煌，也能孕育出灿烂的文化。

从秦汉帝国到盛唐，中原一直保持着进取的姿态。"匈奴未灭，何以家为""战伐有功业，焉能守旧丘"，霍去病和杜甫的豪言壮语犹在耳畔。开放、自信和进取，这是宫玉振老师对盛世之道的诠释。

汉唐盛世的"进取"背后，是一份内在的自信。"百国千城，莫不欢附；商胡贩客，日奔塞下……天下难得之货，咸悉在焉。"

然而，在两千余年的封建历史中，陆地思维、重农抑商始终贯穿，到后来的清朝，闭关自守、禁海锁国，结果是在西方列强的进攻下才打开了沉重的大门。然后，我们看到了大门之外的海洋思维、商业文明、契约精神，选择了改革开放。

盛世是绚丽的，盛世又不是永恒的。

历史反复证明，盛世之道的"开放、自信、进取"缺一不可，宫老师一语中的。"胡乐、胡服、胡官、胡萝卜"，这既是盛世的开放，也是少年学习天下的胸怀。"功名只向马上取"，这是少年的进取之道。"葡萄美酒夜光杯，欲饮琵琶马上催"，这是少年的豪气！

王朝兴衰事，尽在莫高窟。

战略第一！我从文化穿越到了企业的经营。当年汉武帝攻打匈奴，背后深层的战略意图是什么？

在战略价值上，为了对付北方游牧民族南下，中原王朝必须夺占河西走廊！从张骞出使西域，到霍去病两战河西；从李广利征伐大宛，到傅介子斩杀楼兰王；从陈汤灭郅支单于于康居，到班超出使西域。

汉王朝历经多次征战，才彻底打通了西域，牢牢控制住了河西走廊。"欲保秦陇，必固河西；欲固河西，必斥西域"。断匈奴右臂，张大汉之掖，在汉匈生死博弈中，一改汉初的被动局面。

战略从来都是打出来的，在竞争的环境下，如果不去主动塑造周边的局势，就只能被局势所塑造。

就像汉武帝击败匈奴，我们可以失败，但不会被征服。犯我强汉者，虽远必诛！

战术第二！我又想到了企业的管理。秦朝、汉朝，平民封爵，独尊儒术。统一度量衡，统一文字。中华大地，人才济济，天下兴亡，匹夫有责。如果把一国之才的所有力量集结起来，必能迸发出巨大的能量。但关键是，管理要有方有术。

我们找到了"北"。感谢戈壁之行的组织者！加入北大的第一课，就让我们感受到了北大的家国情怀，让我们找到了"北"，找到了方向，找到了价值观。

从今天开始，以史为鉴，知行尽力合一。用"开放、进取、自信"的心态，做好自己的事情，做好企业经营，这正是我们的责任。

"莫问尘与土，但追云和月。"这是我们此次戈壁之行的主题，更是我们北大学子开学的第一课。因为大部分同学没有来过这茫茫大漠，很难想象戈壁的魅力，加上北大这么多年现场教学的经验、准备，一切都是那么让人震撼。

别了，大漠。别了，孤烟。别了，敦煌。别了，戈壁。

不管你是否记得我，我会永远记住你。记住这深邃的一课，记住这永恒的主题。从这片尘与土里走进走出后，我们要去全力追寻我们心中的云和月。

06 莫问尘与土，但追云和月

07

北大我来了

金秋十月，终于迎来了北大开学的日子。

开学前一周，班级微信群接到李然班主任通知，研究生院要求全体新生完成"科学道德与学术规范测试"。测试共50题，答对40题以上为合格。

这是北大研究生入学前的一项道德测试，也是研究生入学必考项目，其重要性可想而知。经过一下午的学习，我总算对学术规范有所认识，最终以答对40道题合格通过。

带着对北大所有的美好向往，2020年10月15日一大早，我乘坐G510漯河直达北京西的高铁出发了。一路上，说不出的期待和兴奋。

自从报考北大，每次坐上北京的列车，总是那么的开心和幸福。漯河赶往北京的车次，最快也需要三个半小时，所以，在车上，还是有时间读书和思考问题的。一本好书会消除我们旅途所有的疲惫，高铁很快到达北京西站。

下车后，我熟练地坐上地铁9号线，于国家图书馆转乘4号线，大约十几分钟到达北京大学东门站，走出地铁西北口，看到阳光下"北京大学"四个蓝色的大字闪闪发光。

我在想，这一缕缕光，该是照亮了多少学子的梦啊。习习秋风扑面而来，那种舒爽无以言表。

　　这真是一个收获的季节！我感慨万千地对自己说："北大，我终于来了。"步行十分钟，来到北大博雅大酒店。这是离学校上课最近的酒店，按照先前的预定很快办完了入住手续，放下行李我拿出电脑写日记。

　　北大的秋天，依然绿树成荫，花团锦簇。这个秋，在片片归根的落叶中，我看见的却是满眼的金黄。

　　第二天一早，吃过早餐，我从北大东门进入，经过李兆基人文学院，前行50米，右拐走到小桥处，看到了一个蓝色的牌子：北大国家发展研究院。过小桥步行数百步，即是朗润园的大门。

　　这是一座清朝风格的大宅院，红色的大门，左右两侧挂满牌匾。进入小院，你会被这个院子的古老和厚重而叹服。院内古树参天，小草依依。石榴挂满枝头，在凉爽的秋风中随风摇曳。

　　人生中这段静美的时光，我将要在这个静美的院子里度过了。

　　今天是开学第一天，万众楼二层的房檐下，挂着"北大国发院EMBA2020级开学典礼"的条幅，正下方放着一个巨大的喷绘特写"开学典礼"，其上写着国发院E20每一位同学的名字。

　　我赶到时已有不少同学在此拍照，我也特意留下几张难忘的单身照。老师们在忙着发姓名牌，办理签到手续等工作。

　　二楼的大教室里，整齐地摆放着10个方桌，上面摆放着每个人的座位牌，每个座位牌边上还有一本红色的笔记本，本上印着北大的校徽和同学们的姓名。

　　北大对每一位同学的尊重让我肃然起敬，虽然笔记本是千篇一律的，但每一个名字却是一个独特的存在。当然，我也于细微处体会到了每一个名字背后沉甸甸的分量。

　　开学典礼在一曲动情的音乐声中开始了。北大音乐系的同学身着学生装，为我们演唱了一曲《燕园情》——

> 红楼飞雪，一时英杰，先哲曾书写，爱国进步民主科学。
> 忆昔长别，阳关千叠，狂歌曾竞夜，收拾山河待百年约。
> 我们来自江南塞北，情系着城镇乡野；
> 我们走向海角天涯，指点着三山五岳。
> 我们今天东风桃李，用青春完成作业；
> 我们明天巨木成林，让中华震惊世界。
> 燕园情，千千结，问少年心事，
> 眼底未名水，胸中黄河月。

歌声一下子把我们拉回了学生时代。重回校园才发觉——上学真的是一件好幸福的事！一曲《燕园情》唱出了北大人的理想与追求。在商场征战多年的EMBA新生，也将从这一天开始担负起北大人的历史使命。

就像北大国发院姚洋院长在致辞中所说的，作为国家高端智库，国发院教授们的建言一直在不断推动改革。"学术立命"是国发院各个教学项目的根本，EMBA要以高度认真的态度对待学业。国发院EMBA项目"小而精"，最大的特色是经济学与管理学教学相结合，这使得同学们既有宏观视野，又能够管理具体问题。

展望未来，姚洋院长还告诉我们，北大国发院2021年将启用承泽园新校区。那里古典美与现代美融为一体，新生们将有机会在那里度过一段美好的学习时光。

典礼由北大国发院助理院长、BiMBA商学院常务副院长范保群主持。在典礼仪式上，EMBA2011级校友、住友酒店集团董事长朱晖作为校友代表，也向新生分享了北大国发院如何滋养了他的人生事业的故事。

从入学时经营几十家酒店，到毕业时超过200家酒店，再到毕业7年后的超千家酒店。朱晖坦言，是北大国发院给他带来了好运气——朗润园是一块福地。

但好运气来自认知模式和行为模式的驱动，这些才是北大国发院给予EMBA学生的真正滋养。新冠疫情期间，朱晖带领自己的团队以创新实践突围行业困境，北大国发院两年的学习给了他主动求变的信心与勇气。

伴随着《燕园情》乐曲的再次响起，同学们纷纷走上讲台，从老师手里接过北大校徽和"沉甸甸"的书包。

戴上校徽，就是戴上一分责任；背上书包，就是背起一分担当！新生们庄严宣誓，要秉承北大"思想自由、兼容并包"之理念，诚信至上、守正有为，成为推动社会进步的领军力量。

与上午的开学典礼相比，下午的"燕园与人生"迎新活动依旧很精彩。"燕园风物——北大校园游览"，让同学们一边赏未名湖秋色，一边品燕园文化。

从朗润园成为"清末军机处"的如烟往事，到"一塔湖图"北大坐标的相映成趣；从西门华表"望君出"的深邃寓意，到北大原校长蔡元培纪念像传承的北大精神……以历史、人文、建筑等多个视角进行游览并解读北大，让同学们"沉浸式"体验北大。

下午，学院为新生们安排了一堂哲学讲座，孔子哲学和价值人生。主讲人是杨立华教授。孔子哲学是非常早的哲学体系，有2600多年的历史，"这样的哲学体系、哲学家及相关的哲学经典，对于今天有什么意义？"杨立华教授开场就抛出这个问题。

有什么意义呢？了不起的人物都是既能深入时代，又能超脱于时代。

深入时代获得了应对这个时代的主动性，超脱于时代获得了超越时代的主动性。积极、主动、创造、承担、奉献，这符合人性且符合天意。相反，消极、颓唐、寄生，违背人性这不合天道。

"心系北大，梦圆朗润"。真正的出发，还要落在一个个学分的钻研修读和一份份作业的挑灯夜战中。更重要的是，同学们要通过论文研究和实践，真正实现学以致用——本次迎新活动以杜桂英老师为EMBA所作的教学教务说明会圆满结束。

我们将与 100 名同学在朗润园开启两年多的学习历程，学习必修课 11 门学分 21 分，选修课 20 多门学分 13 分以上，加起来必须达到 34 学分才可以开始编撰毕业论文。

心系北大。那就从最基本的行动——完成学分开始吧！

北大的门虽然向每个人敞开着，但走进来并不容易。当然，走出去更不容易。北大是一座学府，是我们每个学生心中的珠穆朗玛峰，但北大更是一种境界。

08

商务统计和管理经济学

对于第一节课，我一直在猜测中期待，在期待中猜测。

坐在教室里才知道，原来是商务统计和管理经济学。这两门专业基础课，两天下来，我就觉得有点儿扛不住了。各种函数、概率、公式、曲线……整个脑袋都被经济学给绕晕了。

本以为上课是件很轻松的事呢，没想到，这一下，让我彻底觉得不好玩儿了。不过，虽然感觉难度很大，但老师讲得很好。

在管理经济学的课堂上，课件中的案例，大部分都是卢锋老师自己参与收集整理的。卢老师说话很直接，讲得绘声绘色且生动有趣。

这么烧脑的课程，经他这么讲解，借助电缆、助视仪、猪肉等当下案例一分析，时不时再来一句笑话，飙几句英语，瞬间便把枯燥悄悄转移。

卢锋老师是北京大学国家发展研究院宏观经济研究中心主任，博士生导师，英文杂志 *China Economic Journal* 的主编，财政部、人力资源社会保障部顾问和央行咨询专家。他曾赴美国哈佛大学、澳大利亚国立大学、英国发展研究院做访问研究。

在经济学的课堂上，卢锋老师为我们重点讲述了经济学和管理经济学的定义，分享了他对管理经济学的认识，"经济学注重理论，使用复杂的方式揭示经济生活的简单逻辑；管理注重问题和经验，是用简单方式呈现经济生活的复杂形态"。

再说商务统计，这也是一门很无趣还很有用的专业课。不过，这课让胡大源教授来讲，却也是津津有味、妙趣横生。

胡大源老师可以用"三精"来概括：精瘦，精明，精干。

在商务统计课上，胡老师每堂课都带着教具。案例丰富多彩，讲话幽默风趣。听完第一节课我就发自内心地感叹：高！真高！

胡老师通过一个又一个有趣的实证案例，为我们讲述了统计在企业决策中的作用。此外，还向我们讲了他本人如何利用自己统计学的优势进行炒股。同学们都觉得生动有趣、高效实用。

胡大源老师主要教学及研究领域包括环境与资源经济学、区域经济学、应用计量经济学、商务统计和管理经济学。在其多年的教学实践中，他一直致力于收集运用大量中外实例，使学生了解抽象的理论原本来自生动丰富的现实生活，数据的收集、整理、分析。

糊里糊涂，两天的课程结束了。我虽是集中精力听讲，唯恐错过什么。可是，上课结束，看看作业确实做不了。心情很沉重，也想了很多很多。

在我以前的认知里，老师大多是照本念经。但听完北大国发院的第一堂课，彻底颠覆了我传统的认知观念。

我现在终于知道，北大就是北大，教授就是教授，北大的教授就是北大的教授，几乎每堂课都是一场大师级的报告。

对待知识，老师们始终都是那么认真，其扎实的学术功底背后，我想也一定是扎扎实实的付出。他们在尽全力把每一节课都讲出北大的水准。

"人生永远挣不到认知以外的财富"。这句话不是绝对的，但绝对是经典的。所以，我大胆地抛却现有的高薪高职，来北大提升人生认知，开阔视野。北大的门都进来了，剩下的课程算什么，再怎么难我都要下定决心坚持修完。

遇到独自解决不了的难题，就向学霸请教。记得有一次，在李进超同学的办公室里，一整天都坐满了来请教作业的同学，直到下午五六点，我们才逐渐散去。

白天学习，晚上聚会。每天的课程都很紧凑，每晚的活动都很丰富。

有一天晚上，班级还特别为我们准备了一场篮球友谊赛，北大国发院的姚洋院长也参加了。我赶到邱德拔体育馆时已经开始了，中途上场打了一会儿。休息期间，抱着篮球和李然老师拍了一张合影，让我开心得不得了。李然老师青春靓丽，热情活泼，更显青春气息，这张照片我回去还专门保存了起来。师生一场，留下这一刻美好的记忆。

一转眼，半个月过去了，新的课程又要开始了。

再次来到北京，来到北京邮电会议中心。这一次，我专门给酒店签订了一个长期入住协议，以争取到最优惠的价格。于我而言，北京邮电会议中心的优点还是挺多的。

首先酒店的服务挺好，价格还算实惠，菜肴也挺丰富。再者，这里离北大朗润园骑单车只有10分钟的路程，更重要的是，它就在承泽园的隔壁，2021年在承泽园上课那就近多了。所以，这里也就成了我在北大读书的入住酒店。

晚上六点半，胡大源老师很准时地进入教室，不厌其烦地重复上次授课的重点，一直到八点半才结束，当时去了近40名同学参加补课。老师补完课我还是感觉似懂非懂，仍然不能做到全部明白。

时光不等人，懂不懂都要推着你向前走。

上完课写作业，写完作业补课，补完课再写作业，写完作业考试。人生又开始了校园生活的循环往复。

2020年12月16日上午分班上课，我们B班在一楼，上午统计学，下午经济学。两天的时间，中间唯一开心的事，就是中午和同学们去北大的燕南园吃饭，来回步行穿越未名湖。也只有在这个时候，绷紧的神经可以稍微放松一下。

新课结束了，旧账还了，但新账又欠下了。

老师已经明确告知，12月29日考试。我就趁热打铁，抽空复习，似懂非懂的，迷迷糊糊的，这次都要弄个清清楚楚、明明白白，毕竟所剩时间不多了。

考试已经进入倒计时，大家都开始紧张起来。不过，对于一个中年人来讲，能够忘我地投入也只有马上考试了。所以，同学们的各种活动该取消的取消，该推迟的推迟，都在全身心地投入备考。

单人单桌，一个考场三个监考，除了一页A4白纸，其他统统收走。从一张白纸开始，那就硬考吧。

12月29日上午十点钟，这一场考管理经济学。我准时进入考场，在万众二楼第一排的第一个桌毫无杂念想地坐下。坐下来，心里也就坦然了。

一口气做到下课，总算做完了，我估计可以及格。出了考场，同学们议论纷纷，一是觉得考试太严格了，二是觉得题出得太难了。通过这次考试，同学们都领教了北大的考风，一个个唏嘘不已。

接下来，很多的故事，我已经没有心情记录和关注了。下一科的商务统计考试已经迫在眉睫，且难度更大。所以，学校活动我全部拒绝，一切都要为商务统计让路。

提起后来的商务统计考试，这里还有一个小插曲。

由于商务统计是EMBA课程里最难啃的硬骨头，数学基础比较薄弱的我很是惧怕。北大的考试也是动真格的，再说商务统计大部分都是计算题，拼的都是硬功夫。

所以，考试前我们就一遍又一遍地刷题模拟。尽管如此，我仍然心有余悸。

经济学考试结束半个月后，在朗润园致福轩大教室迎来了商务统计考试。晚上七点，考试时间到了，走进去一看，我又被分配在了考场的第一排第一桌。

我当时的第一感觉是怕什么偏偏来什么！苍天呀！这是谁排的座位，搞得我很像学霸似的。我也尽力了，既已这样，索性也就从容坦然了。

两个小时很快过去了，紧紧张张做完了试卷，自我感觉良好，最起码及格没问题。哎，总算结束了这门痛并快乐的课程。

09

参观北京电影制片厂

在我们的心中，电影是一种高大上的存在。它虽然是我们生活中不可缺少的娱乐元素，但大部分人没见过电影的拍摄过程，更不知晓电影后期的制作。

2020年10月30日，在李然老师的组织下，30多位同学一起来到了雁栖湖附近的北京电影制片厂。这是开学后班级组织的第一次企业游学活动。能有这样的一次机会，大家当然都积极报名前往。

北京电影制片厂中心广场，一个大于真人比例的工农兵铜像雕塑巍然屹立。这是艺术的生动再现。艺术是人的艺术，是人民大众的艺术。拉上条幅，模仿雕塑的姿势，我们也拍了一张合影。

提到电影，提到这次活动，这里要特别介绍一位同学和一种精神。他是杨立贺，一位电影人。

就在2020年，由他参与主创的动画电影《直立象传说》，入围奥斯卡"最长动画片奖"。这部充满哲理、感人至深的中外合拍影片，之前也曾斩获多项国际电影节奖项，获得了艺术界的广泛认可。杨立贺用他在中影多年的坚守诠释了对这份事业的热爱。

电影是一门综合艺术，它既需要创作者有一定的管理水平，又需要对中国文化、世界文化有深入的理解和表达能力。

为了在动画电影创作的路上走得更远，杨立贺拾起了儿时的北大梦——从2020年秋天开始，每次上课，他都风尘仆仆地从怀柔中国影都赶到燕园的北大国发院课堂，在如画般的朗润园继续勾勒自己的电影梦。

杨立贺来北大国发院读书，是希望能有更多"天然"的机会与同学们融合在一起。其中，跑步就是一个很好的方式。所以，在戈16的启动仪式上，他跑到台上"认了师父"，当着所有老师和同学的面宣布——参加戈赛A队。

A队，这也就意味着，他要从100多次艰苦训练中脱颖而出，顶着烈日、迎着风沙，在高原上四天三夜奔袭121千米，与团队的同伴一起克服所有心理和生理上的挑战。

杨立贺说，跑步是一个团队在战斗，每一位队员对团队的需要，正如我们莘莘学子对北大国发院的需要。北大国发院给我们知识和方向，团队给我们勇气和力量。

在茫茫大漠戈壁，瑟瑟黄沙漫天飞卷，队员们共同面对严寒酷暑，我们初心未改，发心不变，心中装着姐妹兄弟，一起攀爬戈壁清泉，逆流而上，享受身体的极限，虽撕心裂肺，但内心强大。

烈日下，迷离的眼神流露着坚毅，整齐的步伐散发着自信，坦荡有力的心跳声，鼓励着我们迈出坚定的每一步，拼搏的感动直抵心灵，前进的动力斗志昂扬。

其实，这与企业经营非常相似。在比赛开始之前，我们要考虑如何在思想上保持统一，战术如何规划到位，困难如何解决，跑的过程中该如何帮助别人，在训练中应如何做好时间管理，做好时间的领跑者，做好学习、生活、工作互相促进，把有效的时间合理分配到高效的训练上，科学地分解任务目标，把每次训练计划合理分配到每一千米上。

我们也尝试把跑步的领悟融入生活中，体会到了主动承担的价值，更好地关心善待身边的每一个人，把跑步的收获运用到工作中。有了这种合作共生的力量，才能更好地面对复杂多变的市场环境。

你可以跑得不快，但不可以不帅。你可以跑得不顾一切，但一定要坚持不懈。这是一个跑者乐观韧性的心态。戈壁没有奇迹，只有平时的积累。平时只有足够努力，你才能跑起来毫不费力。

121千米，最难是坚持。

但是杨立贺从来没有放弃过，更没有放弃对目标的坚守和对团队的承诺。他说，一开始，我也遇到过瓶颈，当身体机能到达极限时，我们的内心必须做出选择，是不甘心地放下沉重的压力，还是跑出成绩让我们的团队更有信心？每一次，我们都有一个统一的答案，绝不能让放弃成为一种习惯，要让坚持向前的拼搏精神成为融入我们血液的文化。

在跑步习惯养成的背后，是杨立贺对规律的深刻认识和高度重视。

要想成为队友相信的人，首先你要相信自己的队友。杨立贺认为，除了相信队友，我们还要相信专业的教练，要相信跑步背后的逻辑、规律，比如按照教练的指导去饮食、休息，并在跑步的过程中灵活运用一些技巧，找到自己最为经济的解决方案，让每天稀缺的体能发挥更大价值。在跑道上，有时候，你只是给别人一点点帮助，就可以发挥很大的价值。上坡的时候，我只是用手指顶了一下队友的后腰，就给了对方莫大的力量，让她度过了最艰难的时刻。

因为相信北大国发院，所以来到了北大。杨立贺说，北大国发院的老师和我以前遇到的不同。他们都特别善于把复杂的道理直白地讲出来，让我们很容易接受和吸收。这种润物细无声的方式还融入了每个老师自身的经历，让我们觉得大师不再是高高在上，而是和我们一起思考并体验着这个丰富而多元世界的人。

提起老师，杨立贺眼中有一种特别的敬畏与崇拜。他说，每一位都是一座高山，让我们虽不能至，然心向往之。

我们的院长姚洋老师，一方面，敢于直言当前经济中存在的问题；另一方面，又能着眼经济发展的趋势，给出改进问题的药方，以推动国家进步为己任。

胡大源老师同样令人感动。一开始，面对复杂的统计概念和公式，我们难免有点儿烦躁。但胡老师在课上又是抽奖，又是掷骰子，化枯燥为乐趣，让我们在快乐中掌握到了商务统计的精髓。

在《四渡赤水——困境中的领导与决策》课程中，胡老师、宫老师夜里十一点多还在一组一组地指导我们，手把手地教我如何把要讲的内容讲出亮点来，如何做好对比。他们的那份认真、那殷切的眼神，让我们深深体会到选修这门课的意义。

杨立贺是一位善于感悟、潜心修行的人。虽然来到北大国发院 EMBA 课堂学的是商业管理和经世济民之道，但他往往能把课堂之所学引申到人生当中。

张黎老师的营销课一直在强调，要想办法让客户真正接受你的营销，而不是生硬地传递产品的内涵与理念。这和人与人相处是同样的道理。我们怎么让别人真正接受自己？而不是依靠组织强加的权力？怎么真正发挥个人的影响力？

杨壮老师一直在强调调整自己的心态，去适应环境，而这首先要做好自我认知。我们每个人都把自己做好了，大家就都好了。

最让杨立贺感受到北大学人风骨的是林毅夫老师。在北大国发院 EMBA 举办的"国家发展系列讲座"课上，林毅夫老师在对经济形势的娓娓道来中，引导学生关注事物的本质。只有抓住了事物的本质，才能找到解决问题的关键。

北大的人文环境滋养着杨立贺，杨立贺也在无形中影响着家人。看到爸爸获得了一个又一个奖牌，他 5 岁的儿子也在幼儿园努力表现。在家庭和事业的方方面面，杨立贺都在尽力把这份人生的激情与力量传递给下一代。

从北大再回到工作岗位，杨立贺对国际合作、文化交流有了崭新的认识。以前，他更希望从中外合作中学习西方科学的管理、先进的技术。而现在，他更关注的是如何将中国的文化更好地向外传播。在与外方合作的过程中，他开始和外方深度沟通，想办法让对方理解在中国文化语境下，某部动画电影的情节和逻辑该如何发展，力图通过动画电影这一载体来让世界更好地理解中国文化的内核。

这是一位电影人的自信，也是一位北大人的自信。然而，自信的背后是充分的知识储备和丰厚的文化积淀。

这是我从北京电影制片厂回来后最大的感触，也是从杨立贺那里受到的启发。与老师的课堂相比，杨同学的精神又何曾不是一座高山呢？我也心向往之，努力追之。

10

长沙现场教学

在北大面试时,记得考官让我谈谈最感兴趣的历史人物,其中我就提到了曾国藩。在我心中,曾国藩是最优秀的职业经理人,也是半个圣人。

本次长沙现场教学内容是中国式传统文化领导力曾国藩管理方略。目的地曾国藩故居,还有岳麓书院。这是我渴盼已久的一堂课。曾国藩于我是一个强大的吸引,管理学亦是。这双重吸引,使我放下手中正在忙碌的工作,提前一天从厦门飞到了长沙。

2020年12月11日一大早,老师和同学们一起赶往岳麓书院。我们把书院当课堂,宫玉振老师像导游一样讲起了书院的历史,理学的传承,甚至对每一副楹联的内容都进行了详细的解读。

"是非审之于己,毁誉听之于人,得失安之于数,陟岳麓峰头,朗月清风,太极悠然可会;君亲恩何以酬,民物命何以立,圣贤道何以传,登赫曦台上,衡云湘水,斯文定有攸归。"这是我记忆中最深刻的一副。

此联为清代岳麓书院山长旷敏本(1699—1782)撰写。原件毁于抗日战争时期,现联由颜家龙补书。

上联告诫治学者应明辨是非,淡于利害关系,努力攀登知识的高峰,自会感知朗月清风,自会领悟万物派生的本原。下联围绕朱熹手书的"忠

孝廉节"四字，启发学子应在这些方面下功夫，以寻得灵魂之归宿。构思精辟，用语巧妙，读来韵味悠长。

与学校教室的课堂相比，现场教学效果还是相当明显的。虽然物是人非，但至少能给你一种穿越时间的空间感，穿越时光的现场感。

从岳麓书院出来，下一站即是位于娄底市荷叶塘镇的曾国藩故居。

下车后远远看到一片荷塘，塘的东北角竖着一杆百米大旗，枣红底、黑边花，中间绣着一个大大的"帅"字，旗帜迎风飘扬，格外醒目。

走进庭院大门，屋檐下悬挂着一个竖版木制招牌，上题"毅勇侯邸"四个大字。再向庭院深处走去，是一个四万平方米的长方形大院子。二道门上悬挂着"富厚堂"三个烫金大字。富厚堂为曾国藩第三故居，由弟曾国荃、曾国潢主持修建。

曾国藩是清朝入主中原以来第一个文官封侯的汉人。在当时，"曾帅"

是下属对曾国藩最常用的称呼。

富厚堂坐南朝北，背倚半月形鳌鱼山，此山从东南西三面把富厚堂团团围住。门前是一片较开阔的平地，平地中有小河向东悠悠流去，平地四周峰峦叠嶂，群山环抱。周围自然环境优美，后山上树木茂密，古树参天。

三面环山，一面临水。从远看去，富厚堂好似坐在一张帅椅上。这真是一片风水宝地啊。

曾国藩于同治三年加赏太子太保衔，赐封一等侯爵，其弟则为兄仿侯府规制，历经数年，将富坨全盘改建为规模宏伟而结构紧凑的"侯府"。侯府正堂分为前后两进，这是富厚堂的主体。

前厅名"八本堂"，厅内悬挂曾国藩所书"八本堂"三个黑底金字匾额，额下是曾纪泽用隶书所写其父的"八本"家训：读古书以训诂为本，作诗文以声调为本；事亲以得欢心为本，养生以少恼怒为本；立身以不妄语为本，居家以不晏起为本；居官以不要钱为本，行军以不扰民为本。

中厅后面是神台，五龙捧圣的神龛上，有曾纪泽直书的"曾氏历代先亲神位"匾。顶上悬着同治九年（1870年）皇上御书钦赐曾国藩的"勋高柱石"黑底金字横匾。两旁墙上还挂着赏赐的御书"福""寿"二字直匾，神龛照壁上则是他于同治二年（1863年）自书的"肃雍和鸣"白底蓝字横匾。

后厅两旁是正房，一边住曾国藩夫人欧阳氏，另一边是其长子曾纪泽夫妇住房。前栋左大门为南厅，两侧有四间正房，是曾国藩次子曾纪鸿夫妇住室。

南北两端是三层藏书楼，南端是曾国藩的公记书楼和曾纪泽的朴记书楼，北端是曾纪鸿的芳记书楼，这是富厚堂的精华所在，各类藏书约30万卷，是中国近代最大的私家藏书楼。

2020年12月12日晚上，同学们开始分组进行讨论，我们组推荐的是刘恒同学。

刘恒同学是自如房产北京分公司京西战区总经理，当时自如房产管理资产超过 8000 亿元，在 2018 年和 2020 年曾面临严峻考验，这和本次长沙现场教学传统文化领导力特别的契合。那一晚，刘恒同学给我们小组详细讲解了自如房产董事长左晖坚持不走捷径，做难而正确的事，带领团队突围的故事。在宫老师的认真辅导下，凌晨两点多才完成课件。

北大国发院的学习精神相当的认真、务实，每个小组的同学都拿出了必争第一的信念，思考、讨论、修改，直到认为完美才离开会议室。

小组分享会开始了，宫老师首先做了简要说明。第一位报告的人是梁柯，他主要分享了华为的文化，生动地描绘了华为的接待流程和细节，让大家感到不可思议。第二位报告的人是刘恒，他报告了自如房产创始人的前世今生。第三位报告的人是张冉静，中成会秘书长。第四位是陈莉娜，伯明翰幼儿教育校长。第五位是朱同学，来自苏州。第六位是杨蓉极米科技联合创始人。最后这四位都是我们班的大美女，不仅人长得漂亮，事业也干得漂亮。

这次的长沙现场教学，让我感觉收获颇丰、感触颇深。不仅深入了解了曾国藩做人做事的原则、用人聚人的策略、高超的做人智慧，同时也感受了宫玉振教授的知识渊博和人格魅力。宫老师对曾国藩研究之深入，这一点彻底颠覆了我对读书的认识。从那次学习后，我开始聚焦人物的深入研究，不再是广泛地浏览群书，仅仅浮于表面。

自 2004 年起，北大国发院就开商学院风气之先，走出北大国发院所在的朗润园，走进历史事件的现场，推出现地教学特色课程。教授们融历史、军事、管理于一炉的生动讲解，让中国传统文化魅力尽显。

海外游学课程，这是北大国发院 EMBA 教学的另一大特色。无论是与美国的高科技企业对话，还是探寻古老欧洲的商业密码，北大国发院 EMBA 项目一直秉承其"国际化基因"，致力于打开同学们的国际视野，以国际思维和全球见识，来提升自己的管理水平，为下一步的商业拓展登高望远、战略布局。

如果说扎根中国市场、中国文化情境的当代企业家必须对中国传统文化中的领导力有所涉猎和领悟，必须以历史上的领军者为模范，那么可选的对象可能不止曾国藩一人，但曾国藩绝对是第一人。

宫玉振教授是晚清史的专家，他专门为EMBA精英人群讲解曾国藩的管理方略，正缘于曾国藩不仅仅是晚清的"中流砥柱"，更是"立德""立功""立言"三不朽之人。

每一个来到商学院求学的EMBA学生或对未来迷茫、正苦苦寻找新的发展方向；或自觉领导功力不足，希望从理论的高度提升自己；或希望结识一帮豪杰之士，共谋大业，等等。他们皆需要通过学习曾国藩的领导力理论来融会，也需要了解曾国藩的领导力实践以贯通。

如果说讲授"西方领导力"的北大国发院杨壮教授的课程是在"洋为中用"，那么宫玉振老师的这门课程则试图"古为今用"，让大家从曾国藩的人生修为与宦海沉浮中把握好自己的人生方向。

11

黎叔的市场营销学

市场营销学于20世纪初首创于美国，20世纪50年代开始传播到其他西方国家，20世纪60年代后，被引入苏联及东欧国家。中国则是自改革开放以后才开始引进市场营销学的。

1984年1月，中国高等院校市场学研究会成立，继而各省也先后成立了市场营销学会。这些团体对推动市场营销学理论研究及在企业中的应用起到了巨大的作用。如今，市场营销学已成为各高校的必修课，而市场营销学原理与方法也已广泛地应用于各类企业。

对于北大国发院的同学们来说，市场营销学可以说是一门极其重要的必修课。我们的市场营销学老师张黎教授，多年来一直致力于西方经典理论与中国市场的结合，可谓是中国市场营销学方面的专家。

能有张黎老师为我们讲授这门课，同学们都感到非常幸运。张黎老师看上去很年轻，其人和蔼可亲，讲课风趣幽默。所以，历届同学都亲切地叫他"黎叔"。而他本人，也很喜欢这一称呼。

"黎叔"这一称呼，不但在商学院叫开了，在北大叫响了，甚至在整个中国营销界也叫热了。

黎叔的课百听不厌，在他的课堂上，时常会爆发出一阵阵爽朗的笑声,同学们不仅可以在课堂上看到一张神采飞扬的面孔,还可以聆听到一个个跌宕起伏的案例,而且每个案例都是面面俱到。营销学能讲到这个份上,足见功底之深厚。

自体验经济兴起以来,"打造好的客户体验"似乎不再是什么新鲜的提法。但张黎老师却把它放在了"互联网经济"的语境下给予新的定义。

在张黎老师看来,无论是网络平台企业,还是一般的线下实体。其营销的基本规律没有变:那就是潜在的市场中消费者要从知晓产品过渡到接受产品,再到对产品满意并进而形成偏好,最后产生对产品和品牌的忠诚。

如果说互联网平台企业更适合销售交易型产品,那么大部分的线下商家则在提供较为复杂的系统产品和解决方案上更有优势。

面对互联网大潮,线下商家只有把打动顾客的工夫花在"打造好的客户体验"上,才能与具有规模优势和网络优势的互联网企业展开竞争,真正实现潜在消费者向客户的转化。

在与互联网企业展开的混战中,线下商家除了要找出、找准自己独特的定位,还要借力打力,挖掘如何将"数据与互联技术"与提升客户体验的服务紧密地结合起来。

由于经常深入企业调研,张黎老师积累了大量鲜活的一线案例。我们都知道,车险行业竞争非常激烈,各家都在服务和价格上展开肉搏。但有一家地方性国有车险公司,却能在众多车险公司中脱颖而出。其成功的营销实践,令张黎老师在 EMBA 课堂上经常分享。

案例中的这家公司,是通过大数据和互联技术,实现了服务的精准化,并借助后台的实时监督,保证了一线人员服务的及时性和效率,从而使得该保险公司在与汽车 4S 店的博弈中,处于优势地位,其市场占有率和销售利润率更是在当地拔得了头筹。

张黎老师认为,线下企业虽然没有百度、阿里巴巴、腾讯、京东这些互联网公司的规模和网络优势，但要是能很好地运用现有的客户数据，结合互联技术将这些数据贯通起来，把线下服务标准化、流程化，其未来仍有很好的发展前景。

今天的营销已经不再是昨天那种游牧型——销售人员要靠不断地寻找新的牧场（新的客户）来维持生计。因为商业社会发展到今天，未被开垦的牧场（未被接触的顾客）其实并不多了，而游牧的部落却越来越多（风起云涌的创业潮就是明证）。

现在的营销已经转变为"农耕型"。因此，我们必须在一块土地上深耕细作，出产多种粮食，保持一部分客户的黏性和忠诚度，并能够为其不断地提供一系列高质量的产品和服务。

所以，我们现在要告别游牧型营销，拥抱农耕型营销。时代总是在迅速地、悄然地发生着变化，而很多企业之所以被时代所淘汰，正是因为没有敏锐地捕捉、前瞻到这种巨大的变化。

要获得长远的发展，张黎老师给出的忠告是，企业更应该提升消费者的美誉度、偏好度和忠诚度，主攻营销的"上三路"，即打造好的客户体验，改善产品的质量。

市场营销学是我在北大国发院读EMBA班学习的第五门课程。不知不觉时间已到了2021年4月，张黎老师的营销学课程结束了。按照老师的要求，每个人必须对教学当中的14个案例做一下分析和自我总结。

我觉得这是个非常好的思路，回顾18年的工作历程，近10年的总经理之路，自己是否真的做到了认真洞察市场？研究消费者需求？真正成功地实现了营销呢？越想越感到汗颜，更不敢说专业了。

在以往的工作中，我们的营销靠的是什么？公司强大的品牌，大规模的实力，优惠政策，销量激励，强推渠道，强势销售等，但却极少考虑从打造好的客户体验和改善产品的质量上下功夫。

通过聆听张黎老师幽默诙谐、高屋建瓴、专业化的营销教学，以及课堂上大量的成功营销案例。我觉得，我应该对自己多年来的营销管理做一次系统全面的"体检"了。

尤其是老师以客户价值为关注点的营销策略，以及消费者行为的细节捕捉。我对此深受启发，在今后的工作中应不断地反思公司的市场定位、产品、服务是否符合营销学的基本逻辑，做一家真诚服务顾客的管理公司。

12

领导力与会计学

领导力与会计学看似两门不太相关的课程，但却有着必然的联系。对一位企业的 CEO 来说，领导力固然是首位，但会计学也必须略知一二。因为只有学好了管理会计学这门课，我们才可以成为一位全面的管理人才。

"自我认知与领导力"此门课由杨壮老师讲授。关于杨壮老师，借用班主任李然老师的一句话来形容，那就是，"杨壮老师是我们国发院灯塔式的人物，是我们的灵魂导师"。

"灯塔式人物""灵魂导师"。这些标签所代表的东西及其指向，让我想起了领导力的 5 个层次，职位、认同、生产、立人、巅峰。

职位乃领导力的最低层次，也即人们追随你仅仅是因为你在这个职位上，你身上没有属下所佩服或崇拜的任何能力、威望及其他，他们非听你的不可。

认同是领导力第二个层次，即人们追随你是因为他们愿意听你的。生产乃第三层次，即人们追随你是因为你对组织所做出的贡献。立人乃第四层次，人们追随你是因为你对他们所付出的一切。

巅峰即领导力的第五个层次，人们追随你是因为你是谁及你所代表的东西。

"巅峰"级别的领导力极其少见，但也确实存在，这与职位没关系。有时我也在想，杨壮老师是谁呢？

去掉所有的职务和头衔，杨壮依然是杨壮，在很多人的心中和眼中，他是一个独一无二的存在。他代表的是光明和智慧。

一看他的简历，我感觉到了眼前的万丈光芒，但光芒似乎离我比较遥远。当他来到我们的课堂，我又觉得万丈光芒远在天边却也近在眼前。

"自我认知与领导力"，这是我在北大国发院读EMBA班学习的第五门课程。杨老师讲人性、品格真的很到位。他说，一个人一定要真挚诚信、负责可靠、勤劳勇敢，这些都与中国人的精神息息相关。

有了思想领导力、专业领导力和品格领导力，才有可能实现中国文化中追求的知行合一。在思想领导力和专业领导力中间，品格领导力架起了一座桥梁，这个桥梁就是公信力。

被誉为日本"经营之神"的稻盛和夫，一生破获8000多起案件堪称"当代福尔摩斯"的华裔神探李昌钰。他们无疑是跨文化领导力的成功典范。

李昌钰84岁那年，每天仍然坚持工作。在他整个人生过程中，他追求的是勤奋、努力、吃苦、低调、谦逊、大爱、同情，极为同情弱者，尊重人性，他还具有一个很强的特质：自律和自信。

稻盛和夫是王阳明心学的践行者，他倡导敬天爱人、利他经营，强调做人比做事更重。

从稻盛和夫和李昌钰的传奇事迹中，杨壮教授带领大家领会中国文化的人文教育与西方科学的专业精神相结合的魅力，并总结出东西方文化融合的秘诀，学会"按中国人的方式做人，按西方人的方式做事。"

杨壮老师还特别提到西点军校的案例。他说，西点军校认为，因为遗传的因素，人的个性难以改变，但人的品德、品格、品行、品质是可以后天培育塑造的。西点军校的校训特别强调"责任、荣誉、国家"。

西点荣誉法则明晰规定："军校士官生不说谎、不欺骗、不偷窃，也不容忍其他人这样做。"西点荣誉法则不仅严格禁止欺骗行为，对包庇欺骗行为的人的处置也更为严厉。

西点军校的教官讲，报告他人的不道德行为对其学员是一大挑战，只有不到60%的人可以做到，这一条规则和中国传统文化中对家人无条件的"孝""忠"形成鲜明对比。但要成为军队领军人物，西点军校学员必须敢于挺身而出揭露任何欺骗行为。为此，在教学中，西点军校不鼓励盲目服从，而是要学员彻底领悟领导的"意图"。

西点军校强调，一个有品格的领导者必须追求真理，评判是非，在行动中还要表现出勇气和承诺。品格不仅涉及伦理道德的最高准则，同时也包含坚定、决断、自我约束和判断力。

雷蒙·卡特尔（Raymond Cattell）早在1954年就首创了"领导力潜在素质"（Leadership Potential）模型。这个模型是基于对军中领导人品格所作的研究而得出的，包括情绪稳定，主导能力，勤勤恳恳，处事大胆，意志坚强和自制力。

在讲到南极探险的案例时，杨教授强调，卓越的领导者在实现组织目标时必须不断地与环境博弈，持续地调整战略目标。面对变化的环境，领军人物必须看清趋势，与时共进，大胆变革，不断创新。当环境发生意想不到的突变之时，组织面临生死存亡危机之际，卓越领导者必须保持镇定的心态和清醒的头脑，牢记目标，永不放弃，凝聚士气，实现突围。

一百多年前，沙克尔顿南极探险经历极为震撼，给我们后人留下了丰富的危机环境下领导与下属之间互动的经典案例。

1914年年初，在探险出发前，沙克尔顿在报纸上刊登南极探险招聘广告，明确指出，"赴南极探险，薪酬微薄，不见天日……不保证安全返航，如若成功，唯一可获得的仅有荣誉"。

应聘者达 5000 多人。申请者的动力来自何方？

"坚毅号"沉没之后，气候和地理条件相当艰难，生存条件十分恶劣。但是，沙克尔顿临危不惧，积极乐观，坚毅顽强，勇敢担当。

"坚毅号"沉没一年多后，沙克尔顿认为必须开启自救行动时，他秘密写下一个纸条给船员保存，让他 20 天后打开。

"我一定会回来救你们，如果不能回来，那我也尽我所能了"。这就是纸条的内容。

沙克尔顿出发时间为 1916 年 5 月 23 日，狂风巨浪造成营救多次失败。直到 8 月 30 日，沙克尔顿才最终营救了留在大象岛上的所有船员，可是，那位拿纸条的船员根本没有打开他的纸条。

因为所有的船员都相信沙克尔顿会成功，沙克尔顿不会丢下他们不管。

南极探险失败了，但沙克尔顿的事迹成为人类历史上英勇和顽强斗志的典范。沙克尔顿成功让全体船员安全脱险，一个没少，完成了人类历史上一个绝境重生的伟大壮举。

感召力是最本色的领导能力，在沙克尔顿身上，我们不仅看到了他极大的感召力，同时也看到了他巨大的影响力和前瞻力，以及超强的决断力和控制力。

杨老师对人性、对人的心理学的确有着高水准的认知。听完他的课，我感觉自己就像沐浴在一圈又一圈无边无际的光辉中。

结合三元领导力，库泽斯和波斯纳的卓越领导者的五种行为，以及课堂上的大量案例，每人写一份个人领导力反思。这是杨老师留给我们的课后作业。

18 年的酸甜苦辣，18 年的日夜兼程，18 年的马不停蹄，这背后，我虽然取得了一些成绩，但自我感觉与人生目标还有很大差距，是该好好反省一下了。

于不惑之年，重新梳理思路再出发，我有更多的感慨。

前方的路，想走得更远，我必须对自己10多年的管理方式和方法来一次系统的反思和总结。在新的征程中修炼卓越领导力，以担起家庭、企业和社会的更大的责任。

接下来是会计学，因为新冠疫情原因，我选择了线上网课。打开电脑，孙健老师出场了。遗憾的是，电脑屏幕模模糊糊的，看不清老师的面孔。在我印象中老师喜欢提问，答对问题发积分卡，管理会计学听课还算轻松。

孙老师主要为我们讲述了管理会计学的基础理论和应用，尤其是EVA（经济增加值模型）计算方法和考核应用，以及战略地图、平衡积分卡的原理和应用等，让我们了解管理会计学更深层次的知识。

时间过得很快，四天的课程一口气上完了，最后一天下午考试。外地同学通过电脑答题，两个摄像头监控，线上线下一样严格。

会计学这是我在北大国发院读 EMBA 班学习的第五门课程，老师的课后作业是每个人写一份关于管理会计学在企业中的应用反思。

财务管理是企业管理的重头戏，好在以前了解过一些会计学的知识，也很好地发挥了财务总监的重要性。通过本次管理会计学的学习，我更加清楚地认识到，作为一个上市公司的高管，对管理会计学的掌握，对管理工具的了解，对资本创造的应用，以及对国际管理经验学习的重要性。

紧张而忙碌的日子，总是这么充实而有意义。半年的北大生活，对我的影响很大。每一次的课程，不管在哪里上课，我都觉得，这么多学费还是很值得的。

13

牛年的春节

半年的课程结束了,终于可以安安心心地过个属于自己的春节了。而正当我高高兴兴地开始筹备牛年的春节怎么度过时,却接到了一个令我振奋的消息。

2021年1月9日,北京大学国家发展研究院河南校友2021年会暨传统企业数字化转型高峰论坛在郑州隆重举行。

这算北大提前给我们过春节吗?不是,也算是。对于我来说,这绝对算是一件比牛年的春节还更有意义的事情。

在北大国发院校友部的指导下,河南校友年会历经多次会务调整,最终使北大国发院河南校友2021年新年年会顺利举行。

北大国发院姚洋院长、校友部主任程军慧、讲师徐立新、大数据分析与应用技术国家工程实验室特聘研究员李星毅,以及线下及线上共130多位校友,参加了本次年会的交流活动。

2020年的确是不平凡的一年,新冠疫情尽管给我们带来了很大的伤痛,但也给了中国一次在国际舞台上展示自己国力和实力的机会。我们每个人对此都有颇多感慨。主持人在会议上回顾了这一年的不易,同时也展望了2021年的发展。

在本次年会上，北京大学国家发展研究院院长姚洋教授，做了《关于"十四五"期间重点政策转向及国际形势变化》的专题讲座，分别就国际形势的变化、国内循环、"十四五"经济方面的重点工作及中美经济增长预测进行了观点分享。

这一堂政治经济课，上得我们感慨万千。对于校友们在2021年的发展，这堂课就像一个指南针，又像是一针防疫针，还像一个温馨提示，抑或是天气预报。

大数据分析与应用技术国家工程实验室特聘研究员李星毅，对企业的数字化转型，并从企业如何利用数字化技术，企业如何从数字化转型中获益等方面进行了分享，使各位校友加深了对企业数字化转型的理解。

全球化、数字化、网络化，一切发展都在朝着这个方向走，传统企业也不例外，甚至更需要加快速度。

这次会议在海王药业郑州分公司召开，本届活动仍由海王的张超提供会议室和礼品赞助，到会30多人。在这次会议上，我也作为新生代表受邀发言。

围绕本次论坛的主题，我主要分享了农业数字化的进程。农业属于第一产业，投资大，周期长，工作环境封闭，且地处农村，人才较为缺乏，农产品加工以手工为主，数字化的进度较为缓慢，就目前情况而言，仍需要一段时间。

新年年会在热烈欢快的气氛中圆满结束，校友们在裕丰园举杯共庆，新年的气氛也在这次年会中拉开序幕。

除夕夜，狂欢夜。大年三十晚上很快到了，同学们都很兴奋，聚是一把火，散是满天星。现在虽然散落于祖国各地，但在班级微信群里聚到一起发红包、抢红包的热情却丝毫不减，甚至比孩子们玩得还不亦说乎。

红包一个比一个大，激情一浪比一浪高，祝福一个比一个精彩。待到新年倒计时，微信群里的新年烟火，足足燃放了大半个小时，假的倒比真的玩得还激动。

"难忘今宵,余热未消!中国经济的寒冬难以阻挡北大国发 E20 的热情,不是一家人不进一家门,我们来自五湖四海,萍水相逢,天赐良缘,追梦北大;我们渴望学习,渴望成长,让我们一起续写友谊新篇章,共筑美好新时代!感谢北大国发,感谢老师同学!晚安!"

那晚我也十分兴奋,兴奋之余就写下上面那段话,并伴随着一个大大的红包发到了班级微信群里。

牛年的春节,是我读北大的第一个春节,春节期间新冠疫情已经不太严重,于是我们决定带孩子去洛阳玩几天。

正月初三,我们第一站赶到了洛阳栾川温泉大酒店。次日我们爬了老君山、鸡冠洞。第三天我们参观了重渡沟野生动物园,晚上驱车 100 千米赶到洛阳"真不同"流水席,感受古都的饮食文化。看到孩子们开心的笑脸,心里有着说不出的幸福。

这个春节,我终于享受了和家人一起旅游的快乐。难忘!终生难忘!

14

宏观经济学

快乐的时光总是这么短暂。一晃这个春节就跑得没影了。北大的新课又将开启，学校生活也开始了新一轮的循环往复。

开年第一课，我们迎来了姚洋院长的"中国经济改革与增长"。姚洋老师大气沉稳、阅历丰富、知识渊博，深得同学们喜爱，更让同学们佩服。

在北大国家发展研究院，院长姚洋多年来在为其 EMBA 学生教授一门与"中国奇迹"有关的课程——"中国经济改革与增长"。除了传道、授业、解惑，姚洋作为院长，在这门课上还倾注了一颗"育人"的拳拳之心。

在商业领袖的培养上，北大国发院坚持经济学和管理学并重。对高管和企业家而言，宏观经济更为重要。姚教授还说，这些年来，北大国发院一直坚持学术第一，这个学术涵盖了经济学，还有政治哲学等。并要求同学们不仅要学会如何管理企业，更要拥有宏大的目标、高远的志向及国际的眼光。

以史为镜，可知兴替。北大国发院的这些教授们，他们常常把经济置于历史的框架之中，喜欢用历史的长镜头来透视中国经济的发展。

这里既有研究经济史出身的卢锋教授，又有热衷于中国古代政治史研究的姚洋教授。他们常说，我们研究"中国经济增长"，不能局限于"改革开放"这一时段，甚至不能仅仅关注"中国成立以来"的发展之路，而是要把镜头拉长，走进"有史以来"的中国经济增长。

从公元400年到2000年，从中国和西欧人均收入的比较，到中国知识分子苦苦探究多年的"李约瑟之谜"。从竺可桢对气候与中国王朝兴替的关系研究，到黄仁宇《万历十五年》中对中国明代社会制度的解释。姚洋教授希望企业家和高管们能够跳出当下之一隅，关注历史长河中的中国，"兼听"中外不同学科、不同学者的学术见解。

当姚洋教授把镜头对准中国成立以后"人民共和国的经济增长"时，"历史"的焦距越来越准，所见越发清晰：那是重工业发展战略背后的国际强敌环伺，那是人民公社的成就与效率低下的悖论，那是改革开放后"北京共识"与"华盛顿共识"的不同。

拨开历史的重重迷雾，姚洋教授希望同学们能够深刻认识到：在经济领域，中国没有创造新的发展模式，而是比较聪明地把发展主义政府和新古典经济政策结合在一起。

EMBA学生是在企业界摸爬滚打、纵横四海的企业家或高级职业经理人。他们长于实践，对中国经济的沉沉浮浮知其然，却未必知其所以然。

中国经济增长的原因和过程是什么？中国经济当前最主要的问题是什么？

对这些疑问，如果找不到一个令人信服的答案，企业家就难以在经济变化的巨浪中把握正确的航向。

理论与经验的视角融合起来，姚洋教授为同学们展现了中国经济增长背后的经济学原理，以及社会所经历的现实图景。

刘易斯的二元经济理论、新古典的经济增长模型等经典经济学说，共同诠释了中国社会结构转型、人口劳动力变迁与出口导向发展模式与中国增长背后的逻辑关系。

在发展中，中国社会也逐渐凸显出自身的问题：收入、财富和教育等，可能会影响经济进一步增长。中美经贸关系面临重大挑战，在"去杠杆"中，民企获得资金的渠道被阻遏——姚洋作为"中国顶级智库"的学者，希望能用学术的钥匙破解中国经济的难题。

北大国发院是独立的智库，学术声音是北大国发院的生命线。

2018年，民企突然陷入了重大的困难中。我们听到了民企的呼声之后，很快在北大朗润园召开了"朗润·格政"研讨会。北大国发院几个学者以翔实的数据、扎实的分析，对当时片面、错误的论调予以了反击，让社会关注到民企对我国经济的重要作用。

"推动社会进步"！在姚洋心中，这是北大国家发展研究院作为一个集科研、教学、智库于一体的机构之使命。

作为北大的一员、北大国发院的一分子，姚洋院长也希望同学们以企业家的身份承担起这份历史责任。

2018年，姚洋教授与北大国发院新锐青年学者席天扬共同出版了专著《中国新叙事——中国特色政治、经济体制的运行机制分析》，试图构建一种创新性的语言，阐述中国特色政治、经济体制的运行机制，使得中国道路和模式成为一种具有全球意义的叙事，用全世界听得懂的语言来讲述中国的故事。

姚洋教授在分享他的研究成果时，提醒同学们把政治的因素与经济的因素结合起来分析，把政府中"人"的因素与市场中"人"的因素综合考量。

姚洋教授喜欢与EMBA的学生们讨论各个中国经济增长议题。他想听到企业界的声音，了解企业家在改革浪潮中所面临的问题，想引导同学们关注社会变革长远的发展趋势，而不要被当前的难题所局限。

学生的提问切中要害，老师的回答一针见血。在思想的交锋中，每个人都在重新思索中国增长问题的答案，每个人都在重新定位2021年的新方向。

100多年前，学者梁济问儿子梁漱溟："这个世界会好吗？"正在北京大学当哲学教师的梁漱溟回答说："我相信世界是一天一天往好里去的。"

15

女性领导力

阳春三月，花香袭人，朗润园万众楼里灯火通明。E20班"同学论道"系列活动第一期"女性领导力"论坛，在这里如火如荼地进行着。

尽管新冠疫情影响了同学们正常的入校和授课，但我们渴望交流，彼此分享的热情更加高涨。"同学论道"作为E20班级主题活动之一，首秀不仅吸引了线上线下几十位同学的共同参与，我们还有幸邀请到了北大国发院著名学者、国内管理学领域领军人物杨壮教授作为特约嘉宾莅临现场。

本期主题之所以聚焦在"女性领导力"方面，这不仅是为了庆祝"三八"妇女节，更是因为在近几年北大国发院MBA和EMBA的学员中，女性学员的数量在日益增多。

借用杨壮老师在论坛现场的一句话，"这是个非常值得关注和研究的现象"。女性在当今社会中承担着不可替代的角色，同时也起着举足轻重的作用。而在职场中，女性领导者普遍表现出的亲和力、同理心及沟通能力等，既是女性领导力的优势所在，也很容易成为束缚女性的掣肘。

而女性领导作为妻子和母亲，在家庭生活及对子女的陪伴中，大多承担更多的责任，付出更多的精力。如何看待女性领导力？女性领导者如何在当下的社会环境中平衡不同角色的关系？E20班级中这些优秀的女性领导者，又有哪些心得和困惑？

带着这些疑问、好奇和思索，"女性领导力"论坛应运而生。

巾帼不让须眉。在女性领导者中，创业的女性更为不易，她们所要面对的压力更大，对精神、意志、品格的要求也更高。

在E20班级里，在我们的身边，就有两位优秀的女性创业者：袁海杰和陈素英，她们在这一次活动中分享了各自创业的故事和心路历程。

美丽干练的袁海杰同学，连续三次创业，目前经营着一家智慧城市业务公司。这次她分享的主题是"心有多大，舞台就有多大"。她认为，作为一位女性创业者，要以谦逊、感恩、坚韧和乐观的心态面对压力和不确定性，在瞬息万变的环境里要像一个向日葵，永远向上、乐观、自信。

回顾创业经历，她经历过因初创公司股权分配不恰当，最后不得不把公司卖掉的痛苦，经历过团队核心成员集体流失的难关，诸多不易历历在目。但因为一直能保有积极向上的心态，最后仍取得了不错的成绩。

袁海杰认为，创业初期公司要想尽办法活下来，但同时要注重方向的选择，战略和方向上从多到少，选好后要专注。所有事情向好处想、向好处做，就会有好的结果。

作为一名女性领导者，袁海杰觉得在生活上要"有趣、简单、善良"，永远保持乐观；而工作上要"开放、专注"。未来很长，一定要保持"日拱一卒，功不唐捐；躬身入局，做时间的朋友"的开放心态，就像同学间的友谊，时间越久，价值越大。

医疗教育精英陈素英，目前经营着一家为医院管理者提供综合管理培训的公司。她以"团队激励和团队建设"为主题，也与同学们分享了她的创业故事。

在自身团队的搭建上，陈素英认为，女性有更好的宽度和广度，女性柔性能力更强，所以在整个团队的打造中，她特别注重团队文化生态的建设。

企业文化像水，团队是鱼，好的生态会养护积极的团队。陈素英同学说，她的团队有非常鲜明的组织文化：公平、感恩和坦诚。这也是她个人的价值认同。无论是对待自己的团队还是对待客户，她都秉持着平等互利、真挚坦诚的态度。

陈素英提到，员工之所以会感恩，是因为从一开始入职，他就会得到老员工的用心指点与专业培训。从点滴的手把手指导开始，将真诚融入每个传承的细节中，会让员工理解感恩并保持乐观。

"你想怎么对待客户，你就必须怎么样对你的员工。因为只有你这样对他，他才会去用同样的方式面对市场。"陈素英一直秉承着这个理念当领导，这也算是她的一大成功秘籍。

谈到员工激励，陈素英借用了马斯洛需求层次理论模型举例，针对员工的不同阶段需求要保持个性化的弹性方案："高于市场的基本福利"找到更高端的人才，"不断改善的办公环境"坚定团队安全感和信心，"良好的企业文化"让团队具有归属感和组织认同感。而"将如何协助客户解决问题视为对社会创造价值"的使命感，则大大提高了团队的社会认同和自豪感。

陈素英有一句放之四海而皆准的励志名言，她说，"我们常说，祝你永远年轻！年轻其实是一种状态和心态，跟年龄无关。在为梦想奋斗的路上，每个人都是正青春"。

在互动讨论环节，男同学表现出比女同学更踊跃的热情。大家普遍认同，女性领导者在同理心、沟通能力和韧性上更具有优势，并且还具有更细腻的心思和更敏锐的业务洞察力，她们更善于表达自己，也具有很强的学习能力和包容心。

我们常说女人能顶半边天。其实，当前的绝大多数女性，她们已经顶起了大半边天空。因为，在工作、家庭、社会等方面所涉及的角色来看，她们不亚于男人，有的甚至强于男人。我个人也认为，她们是最应该受到尊重的群体。

16

创业圆桌会

对每一位来北大读商学的同学来说，每个人的心中都怀揣着一个美丽的创业梦。但每个人也都很清楚，创业的梦好做，创业的路不好走。

来这里读商学的每一位同学，都是某个领域的商界精英。同学们之间有哪些创业的经验和教训可以借鉴？基于此，2021年3月27日晚，我们在朗润园召开了北大国发院EMBA创业圆桌会。

当晚，我们还特别邀请到了艾美集团董事长李金凤女士，以及北大国发院E20同学，山西股权交易中心有限公司党委书记、总经理郭彪先生，二位分别就企业的转型发展之路、创业经历等主题进行了分享。

艾美集团董事长李金凤女士坦言，自己曾经在创业路上"用8年时间摔了别人30年都摔不完的跤"。但是，她也在风雨中历练、成长，"用10年干完了别人30年都干不完的事"。

就是这样一个坚强的女性企业家，她用18年的时间把艾美集团打造成了涵盖美康、餐饮、互联网、传媒、教育、金融、装饰装修七大业态，每年为社会提供10万个就业岗位的大型企业。

艾美集团全国拥有近3万加盟店，大部分从业人员是女性。集团通过多项休假安排来为女性提供照顾家庭的机会。李金凤女士用集团特有的管理优势，几乎改变了整个行业的格局，从而让女性在创业成功与家庭幸福和谐之间找到了平衡。与此同时，她个人也获得了极大的尊重。

为了管理好多家门店，艾美集团还以皇冠店长培训系统作为人才插件，并首次在美康行业内建立了企业大学，传播企业的价值观和管理理念。

回首自己多年的创业历程，李金凤女士为大家提供了两个可以借鉴的方面：一是创业要在减少政策、市场风险和决策风险的情况下有"不动摇的坚持"；二是在创业的过程和企业成长的过程中要学会"花钱的本领"，拥有"分钱的境界"，同时还要掌握"成全的智慧"。

关于未来，她希望在艾美集团两大研究院和多项产品创新的推动下，能不断促进整个美康产业的升级。同时与北大同学多多展开合作，通过成立创业基金、研发基金和助学基金等多种方式，携手造福社会。

李金凤女士的演讲引起了北大国发院 EMBA 同学对美康产业发展和创业问题的思考。当被问到如何在我国的三、四线城市抓住美康产业的风口时，她认为可以考虑用社群的方式推动市场营销，并以互联网为工具为各个门店赋能。

在圆桌会讨论到在企业快速发展的过程中，我们是该靠领导者的魅力来引领团队，还是要依托强大的制度时，李金凤女士凭借多年的创业经验给出了自己有力的回答：在创业初期，前景还不明朗，这时最需要领导者依靠自己的魅力赢得团队的信任，大家一起携手前进；当企业逐渐成熟，这时候就不能仅再依赖个人魅力了，而是要建立和不断健全现代企业制度，并兼顾"制度之上也要有温度"。

就像北大国发院助理院长、商学院常务副院长范保群老师在本次会议的致辞中所说的，企业的发展在不同的阶段都会面临着不同的挑战，在创业阶段，企业家尤其要承担较大的不确定性，企业家必须努力把不确定性变成确定性，并管理好企业内外部的各种风险。

有时候，问题比答案更重要。结合同学们的提问，李金凤女士还谈道，随着中国 GDP（国内生产总值）的快速增长，美康产业有着非常广阔的发展前景，勇于创业的企业家们，要在困难面前保持年轻人的锐气，因为"没有尝试，就没有成长"。

李金凤女士就像一颗闪闪发光的珍珠，站在哪里都是一个耀眼的存在。人格珍贵，精神可贵，灵魂高贵。听完她的分享，这是我发自内心的感触。在她的身上，有着很多男性所没有的温情和细腻，也有着很多女性所没有的心胸和格局，更有着自己独特的境界和智慧。

接下来是山西股权交易中心有限公司党委书记、总经理郭彪先生给大家分享的他自己运用资本的力量来创业的故事。他说，一个创业者要想在商业世界里乘风破浪，不仅要有胆，还要有识。不仅要善用企业内部资源，还要关注资本市场可能带来的机会和杠杆作用，为企业的迅速成长插上翅膀。

郭彪先生平时话语不多，但每每谈及关于资本市场的"真知灼见"，都往往令同学们深感这个班级"卧虎藏龙"。

郭彪先生所带领的山西股权交易中心有限公司，是为成长型中小企业提供服务的金融平台。

今天的交易中心已经成为中小企业对接资本的绿色通道，但回想起创业的初期，郭彪先生也曾经历过人生的"至暗时刻"。

"当时，我刚接手这个交易中心时，业务量很少，找不到发展的方向……"郭彪先生如是说。但凭着家国情怀和对事业的热爱，他以一份坚守，迎来了股权交易中心发展的春天，区域股权交易市场逐渐得到了企业、中介机构和市场的认可。

作为资本市场的业中人士，郭彪先生提醒同学们，在中国，主板、新三板、科创板和产权交易市场中有不同的规则，企业要根据自己的融资、发展需求选择不同的资本市场来壮大自己。

在他看来，当前我国部分中小企业只有运用债权融资的思维，对权益资本的运作缺少理解和重视。同时，大量中小企业还没有建立起现代企业制度，难以规避潜在的破产风险。

人间正道是沧桑。固然如此，作为业中专业人士，郭彪先生还是希望自己的同学们能够坚持正道，充分利用资本思维，让企业实现基业长青。

企业家要学会"谋定而后动"。范保群老师在最后的点评中说，他曾调研过艾美集团，这家企业特别善于从用户出发，围绕用户最刚性的需求，用最专业的方式去满足，获得一定成效后，又会进一步围绕用户需求进行相关拓展，形成"正反馈"、产生马太效应。这种方式既降低了创业的风险，又不偏离对创业方向的坚守，这一点非常值得创业者们借鉴学习和参考。作为企业的领军人物，李金凤女士非常注重"谋定而后动"，并强调在商业的底层逻辑思考与设计基础上厚积薄发。范保群老师也充分肯定了资本市场对创业和发展的独特作用，创业者们在发展的不同阶段，结合企业自身需求借力资本、发力市场、助力成长。

"在错误的方向上，奔跑也没有用！"范老师最后勉励同学们，在创业的路上，一定要认准方向，深挖到底。并希望同学们能够借助此次圆桌会，真正找到创业过程中的关键问题，围绕关键问题求索，从更多优秀人士身上汲取智慧。

17

班级系列活动

玉兰树下的茶话会

在北大朗润园林毅夫老师的办公室门前，有两株参天大树，一株是玉兰，另一株也是玉兰。

建院以来，这两株玉兰树，在花开花落之间，多少学子与之共芬芳，多少青春与之共激荡。

玉兰花代表着报恩。一代代北大学子从这里走入走出，在宛若天女散花的清香中走向社会。一步一回头，一届一回首。他们把母校融入视线，刻入心扉，载入自己的成长史册。

今天，我们在这里举行茶话会，不仅因为茶是中国独有的一种文化，更因为茶话会也是同学会之间自由且方便的一种交流活动。

在这古典的皇家园林里，同学们顾盼流连，找寻古典的诗情与画意。正如李然老师主持词里所说的——

一盏香茗谈不完求学之道，

一把团扇写不尽朗润情缘，

一柄油纸伞遮不住盛世美颜，

一件百衲衣纳不下祝福万千，

一杯清茶，送给这多情的玉兰，

一声水晶钵的清音，与玉兰花开的暗语素手情牵，

……

松风水月未足比其清华，仙露明珠讵能方其朗润。

晋人的手笔，唐人的诗韵，清人的庭院，千年悠悠岁月，如瓣瓣玉兰，一朝怒放，满园生香。

在一片绿意盎然中，玉兰开出大朵、大朵洁白的花。芳郁的香味往往令人感受到一股难以言喻的气质。玉兰因其株禾高大，开花位置也较高，在花开之时，我们常常能看到一幕幕迎风摇曳、神采奕奕、宛若天女散花的美景，真是美丽至极。还有人把她比喻成一年一届毕业的学子，飘向祖国的四面八方。

感恩这清新可人的玉兰，让朗润园的学子美美与共。也感恩这朝气蓬勃的学子，让朗润园里春天永驻、春花常开。

春分时节，玉兰树下，一把古筝，一杯清茶，一桌知己，在推杯换盏之际，茶香与花香交织，香味扑鼻，沁人心脾。

君若有意，与我携行，齐肩问道？君若有意，与我共品，玉兰茶香？君若有意，与我相约，红尘茫茫？

君若有意，待明年花开之时，玉兰树下，商学院里，再会再聚。

参观大型私人玉器博物馆

北大国发院EMBA项目深植于文化底蕴深厚的北京大学，这里向来就非常注重学生人文素质的培养。历届EMBA班级也都会自发组织文化活动，以让商业管理的学习充满文化的馨香。

2021年3月26日，在李然老师的带领下，同学们一起参观了大型私人玉器博物馆——神玉艺术馆。虽然是私人博物馆，这里却不乏博物界的珍品。

威震四方的"虎"，寓意良缘的"象"，乾隆留下款印的宫廷佳作，无不令同学们击节赞叹。再看玉器上的童子、花生、仙人等造型，一件件藏品更是把国人对幸福的向往表达得淋漓尽致。

这里的玉器琳琅满目，有些甚至价值连城。在这里，我们不仅欣赏到了精美的玉器，更看到了一颗中国古代玉人的匠心。

博物馆负责人对每一件玉器的解读和赏玩，都在引领同学们重新审视自己与中华传统文化的关系——中华文明几千年文脉不断，正是因为一代又一代的知识分子在不断地传承。

中国传统的玉文化绵延不绝。自古以来，人们就拿玉的纯洁和美好与君子的品行相媲美。和田玉、蓝田玉、汉白玉、黄玉，在晶莹剔透的玉器中，每一种都寄托着一个民族对美的至高追求。

十年磨一剑，倾尽一生心血，只为将一件完美的玉器呈现给世人。

目睹这完美的玉器，我蓦然觉得，我们的匠人把自己也一同打磨成了一块儿精美的玉器。这份对美的追求，没有止境。

作为新时代的北大人，我们不能在这里止步于欣赏。更应该把匠人的精神渗透到我们的血液里，融入我们的骨髓。有此境界，何事不成？

通过此次玉器参观活动，我们不仅体验到了玉器背后匠人的精神，也在玉文化中找到了中国传统的根脉。

班主任李然老师在此次活动中殷切寄语同学们，"大家作为北大学子，我希望每个人都能像玉一样温润、优雅；像玉人一样专注、执着；像打磨玉器一样，打磨自己的事业！"

玉的状态是静，玉的精髓是纯，玉的灵魂是美。活动最后，有趣的一幕是，同学们还在神玉艺术馆进行了静心冥想练习。

繁忙的工作学习之余，和同学一起静下心来，重归自我，不亦乐乎。这一刻的宁静，是从业以来一直的向往。

瓜州公益捐赠拍卖会

2021年4月10日。

北大朗润园万众二楼。

"北京大学国家发展研究院E20的同学们，'一切为了爱'公益拍卖活动，圆满成功。"

事件已经结束，我们再回头看看这件事的起因。

北大国发院是连续多年参加"玄奘之路"商学院戈壁挑战赛的院校之一。在赛事举办期间，在举办地敦煌及瓜州县力行公益，通过知识讲座、白内障慈善光明行、教学物资捐赠、县长培训班等多种形式，帮扶当地的发展。

这些已经形成了北大国发院戈壁行的公益传统，也获得了校方的大力支持、当地的高度认可和历届校友的积极参与。

此次拍卖会旨在传承北大国发院多年来投身瓜州公益事业的优良传统，为E20同学们打开一个爱心传递的窗口，以公益拍卖的形式筹集善款，助力瓜州教育局开展更多教师培训和教育帮扶工作。

作为北大国发院E20的同学，我们有责任和义务把这份优良的传统继承下去，并发扬光大。故此，此次瓜州公益拍卖会，也就顺理成章地被提上了我们业余文化活动的日程。

在拍卖会上，同学们竞相拿出自己的心爱之物进行拍卖，当场共有30位捐赠人，同学们的热情和激情都很高。

更让我感动的是，班主任李然老师竟然把祖传的一对玉镯拿出来拍卖了，在激烈的竞拍中，那对玉镯被西北大哥岳建军以三万元的价格拍走。

线上线下，天南海北。全班同学都通过实时互动的方式积极参与竞拍，现场气氛非常热烈。

很遗憾的是，这次拍卖会，我没有在现场拍到自己中意的藏品。最后，在网上买了一套小学教材，捐赠给了瓜州小学。

后来，我还领到了班级颁发的"慈善大使"称号。想想真是有些惭愧，微薄之力怎能用此称号。

称号不称号无所谓，主要是我的一份心意送到了瓜州。

18

四渡赤水现场教学

四渡赤水,是我们商学院 EMBA 课程中专门的一个章节。

今天我们来到赤水河畔,宫老师主要是想通过这个战例,通过现场教学,来让同学们更好地理解,究竟什么才是不确定环境下的战略与领导力,什么才叫"兵形如水"。

来到当年红军经过的赤水河畔,我们发现,高山峻岭,大江大川,渡口就那么几个,不到三万人的红军,为什么能扬长而去呢?

四渡赤水之战并不是事先设计出来的,而是根据形势和环境的演变,不断调整作战计划的结果。

四渡赤水是一个不断试错与学习的过程,是不断根据环境调整方案的过程,是一个不断在机动中寻找新机会的过程。

人生处处是战场。在战场,那是一场场有形的战争。在商场,却是一场场无形的战争。但作战的战略和战术,却有着很多可以相通和借鉴之处。

听完宫老师昨晚关于四渡赤水的课堂讲解,次日一早,我们就退房乘坐大巴前往当年的遵义会议现场。

在去往遵义的路上,我们首先参观了娄山关。这里地势险要,是进入遵义的必经之地。

作为黔北第一要塞，娄山关景色秀丽，峭壁绝立，是众多游客的常去之地。我们徒步登到山顶，宫老师站在一块儿大石头旁给我们讲述了当初红军苦战佯攻娄山关的英雄壮举。

结束娄山关的游览，我们前往遵义纪念馆。遵义会议会址位于贵州省遵义市红花岗区子尹路96号，建于20世纪30年代初，建筑为砖木结构，中西合璧的两层楼房。

参观完遵义会议会址，我们乘车前往茅台镇。下车后来到红军渡江处，站在赤水河畔，宫老师开始为我们讲起三渡赤水的情景。

第二天早上，天刚刚亮，我被窗外的鸟鸣声惊醒，拉开窗帘打开窗户，一股浓郁的酒糟味扑面而来。我和杨巍急忙穿衣下楼，绕过几道迂回的台阶，缓步来到河边，站在吊桥上，感受茅台镇清晨的宁静，极目远眺赤水河上淡淡的水雾，吮吸空气中的酒香。

河畔有散步的，有锻炼的，有摄影的，我们两个是瞎逛的。放眼望去，赤水河两岸，密密麻麻的招牌全是酒坊和酒厂，很难找到第二种买卖。真不愧是产酒的地方啊，茅台镇历来是黔北名镇，古有"川盐走贵州，秦商聚茅台"的写照。

茅台镇是中国酱酒圣地，域内白酒业兴盛。1915年，茅台酒在巴拿马万国博览会上荣获金奖。

1935年，中国工农红军长征在茅台镇四渡赤水。茅台镇集古盐文化、长征文化和酒文化于一体，被誉为"中国第一酒镇"。

吃过早饭，我们乘车前往太平渡、二郎渡，最后抵达高土城。到达高土城已是十一点多，按照课程计划，宫老师带领大家参观土城革命纪念馆，讲解土城战役的背景。

土城被誉为长征路上的"红宝石"，地球红飘带上的"明珠"，是革命传统教育基地。

随后，我们就前往佛光岩拉练。在商学院读书，除了学习管理知识，锻炼身体也是非常重要的一项。

佛光岩景区地处大娄山与北麓贵州高原向四川盆地急剧沉降地段。这里谷深坡陡，溪河纵横，切割深度在500米至1300米之间，山峰多在1200米以上，断岩嶂谷，高度悬殊。出露地层全是侏罗纪、白垩纪河湖的红色沉积岩。

这种特殊的地貌，在差异风化、重力崩塌、风雨侵溶等物理生化综合作用下，形成宝塔状、城堡状、针状、柱状、棒状、方山状、峰林状等无数奇异的丹霞地貌景观。

丹岩绝壁。奇峰异石。崖廊岩穴。比比皆是，多不胜数。大地山崖呈现出红艳艳的赤红色彩，是我国丹霞地貌面积最大、出露最齐、特色最典型的景区。

在四渡赤水的现场教学中，胡大源老师始终不离我们左右，陪同学们一起上课，一起户外行动。这次佛光岩爬山是胡老师的强项，他60多岁了，身体还硬朗得很。我们一路快步向山顶进发，一直没有见到胡老师的踪影。我还一直认为他在后边跟着呢，但当我上气不接下气地来到莲花佛台广场时，才发现胡老师在上面休息呢。

终于逮到胡老师空闲了，赶快拉个同学与他合影。这也是我在北大上课两年唯一一次和胡老师合影。他不太主动聊天，也不太愿意凑热闹，照相也不是胡老师的最爱，很多次都是同学们逼着胡老师合影。

爬完佛光岩，我们返回习水县城住下。按照老师安排，晚上再次对四渡赤水进行总结，并安排每个组必须结合四渡赤水做一个小组报告，主要是反应在实际的工作中如何逆境生存，反败为胜。

这一次，我仍然选择和刘廷超一个组，和他一个组最大的好处就是作业不用担心，他会很快地按照要求做完，而且每次的作业质量不是A就是B，是班上公认的学霸。

当然，不管我们能帮多大忙，总要陪着他做作业。端茶也好，倒水也罢，不做作业就做后勤。虽然比较顺利，却也是做到十点多。做完找胡老师确认是否符合报告的条件。加上白天爬山比较累，那晚瞌睡得受不了，回到房间，衣服一甩就睡了。

第二天上午八点准时开始汇报，十个小组同时打分，并抽二到三名同学进行点评。经过激烈的角逐，我们小组的汇报最终取得第三的成绩，获得课程 B+ 得分。

中午在酒店最后一顿自助餐，大家很迅速地吃完，拎着行李上车了，这次要从习水直达重庆江北机场，路程预计三个多小时。

大部分同学上车就睡了，我坐在头排毫无睡意，车载电视里正播放着《长征》，抓住这稍纵即逝的机会，我一直盯着电视看到机场下车。

19

战略与战争

战争的特点是什么？

战争充满了不确定性，而人的理性总是有限的。

在不确定的环境下，战略不可能完全是你事先设计好的，就像四渡赤水。战略是对战争全局的策划和指导，战略的形成是一个开放性的、探索可能性的过程，进而也是一个动态的演化过程。

战略一开始只能是一个框架、一个假设、一个初步的计划，而最终的战略路线是在打的过程中一步步明晰起来的。有句话叫"草鞋没样，边打边像"。其实，整个长征的过程，就是这样一个不断调整方案、改变计划的过程。

在战争过程中，没有人从一开始就能看到结果，没有人对大势的理解能够一步到位，更没有人会一次性看清所有的过程和细节。

然而，战争必须有计划。

没有计划或者计划漫不经心，从来都是战略之大忌。

但在战争史上，完全按照计划来实现的战略，只能是例外，不可能是常态。这是战争中最大的悖论。

所以，好的战略计划，一定要提供清晰的战略意图作为行动的基本框架，有了这样的战略意图，你便可以为组织的行动提供一个大致的范围和总体的方向。但也一定要给种种偶然性和不确定性留出足够的随机应变、临机处置的空间。因此，你必须适应环境，必须随着情况的变化而不断地调整。你必须随时准备迎接意外。就像四渡赤水，如何达成北渡长江的战略，要因敌、因地、因时而动。就像长征，究竟在什么地方重建根据地，要根据具体的条件来定。

在这样一种环境中，你的战略，你的计划，就不可能是事先一次性的决策，更不可能仅靠逻辑推导、凭空想象而做出决策。不要奢望一次性制订出一个深思熟虑的计划，然后就可以完美地执行到底。

一开始，你所能够明确的，最多是一个总体的战略意图和大致的战略方向；你所能提出的，只能是基本的战略假设和初步的行动计划。

你的总体战略意图要保持不变，但最初的行动计划在真正执行的过程中，八成是需要修正的，甚至可能全部放弃。因此，在这样一种动态的、不确定的环境中，你更需要依靠对变化环境的感知和对未来走势的前瞻，而不是仅仅依靠此前的战略计划来取胜。

明茨伯格曾警告我们说，千万不要把战略变成马的眼罩。战略可以使组织直线前进，但僵化不变的战略思维却会让组织失去观察周围世界的眼光。

在相对稳定的环境中，大部分战略要素都是可以控制的、可以预知的，因而也是可以计划的，战略计划一旦做出来，在相当长的时间里都可以不变。所以，战略计划确定以后，决策者只需要尽可能保证结果与计划相符即可。

接下来，就进入了战略执行和战略控制环节，保证战略的实施与落地，保证下属的行动不要偏离你原来的计划。

真正的机会，从来就不是你能事先计划出来的，往往是我们在不断地试探与行动过程中逐渐清晰起来的。

战略形成的过程是一个持续决策的过程，一个逻辑渐进的过程，一个不断明晰的过程。

从认知的角度来说，战略的明晰过程，又注定是一个不断试错和探索的过程。这就需要你的战略计划必须保持弹性，保持柔性，保持灵动性，更主要的是对未知的机会保持开放性。

詹姆斯·奎因曾经讲过一段非常精彩的话："战略并非一个线性的过程，战略的有效性并不在于它的清晰性或它的严密结构，而在于当新机会或新的推动力出现时，它捕捉新事物、处理未知事件、重新利用和集中资源的能力。这样才能在选择时最有效地利用资源。因此，好的战略一定要鼓励主动性、积极性、创造性把握机遇的能力。"

在像长征这样充满不确定性的环境中，对于红军来说，有时候生死就在一线之间。哪怕一些微小的机会也可能就会让你突围成功，哪怕一些微小的威胁也足以让你全军覆没。

所以，我们能做的，就不再是单纯依靠此前制订的计划。相反，我们要依靠的是对稍纵即逝的机会的敏锐嗅觉，以及对机会迅速响应的能力。

首先，我们一定要始终把握好总体的战略意图。我们的总体战略意图一定要深思熟虑，而且要始终不变。这样才可以始终把握总体的战略大方向，不会在不断调整中不知不觉地脱离原有的战略方向，从而出现战略调整的另一个极端，也就是所谓的"战略漂移"。

当然，调整与改变不是跟着感觉走。如果一味跟着感觉走，那样只会让我们变成"流寇"。

再者，我们还要保持对形势变化的洞察力，保持心智的流动性，保持快速的响应能力，从而保证行动与策略的弹性，在不断地试错与学习中寻找和创造突围的机会。

在混乱中寻找机会，在动态中把握机会。

在不确定性中创造机会。

机会一旦出现，我们就要果断地在选定的方向上投入大量的资源，从而长驱直入，一举打开局面。

这个世界唯一不变的就是变。

危局在变，机会也在变。一切都在不停的、恒常的、即时的、刹那间的变化之中。这是战争的真相，也是世界和人生的真相。

因为有变，才有日新月异。因为有变，才有四季更替。因为有变，才有生生不息……否则，时间凝固，空间静止，人生沉寂，那将是一种多么可怕而无聊的结局。因此，我们要变，不仅要正确看待变，还要正确对待变。

万事万物之变皆是常态，而绝非偶然。故此，我们要以发展的眼光、运动的观点、变化的思维来看待世界，来对待人生，来顺应自然和社会的变化规律。

以上内容均为北大国发院宫玉振教授讲课内容，我这里为转述，让读者了解战略和战争的关系。

20

蔡大波结婚

蔡大波是生物医药行业的精英，为了追求事业的成功，为了娶到武汉大学的元博士，30多岁才结婚，今天总算圆满完成一件人生大事。

这是我在北大读商学期间前往同学老家参加的一次婚礼。所以，心中很是期待。2021年4月30日，孩子们一放学我们就立即收拾行李。按照计划前往湖北应城参加蔡大波的婚礼。第一次晚上驱车奔袭400多千米，等我们出发时天已经黑了。

从漯河南上高速，一路上经过驻马店、信阳、孝感、应城，全程约4个小时即可到达，按照导航高速，行驶一切顺利。可是到了镇上，实在犹如捉迷藏走迷宫，乡村的道路很难识别，绕了好几个湾才赶到酒店，到酒店已经是晚上十二点。看到蔡大波依然兴奋不已，我们也很激动，蔡大波在酒店已等待我们多时。

"五一"当天是蔡大波结婚的大喜日子，我们远道而来没有给安排任务，早上睡到八点多才起床。当我们走出酒店大堂的时候，礼宾车排了一溜儿，亲戚朋友们都在有说有笑地簇拥着新郎、新娘道喜。

婚礼车队从酒店大堂出发，到对面两千米处的湖边山庄举行草坪婚礼。由于路途不远，我们选择了步行前往，一路上山花烂漫，鸟语花香，漫步湖边小道，十分惬意。婚礼现场，座位、气球、拱形花门，多处巨幅新郎、新娘写真照片，各式西式甜点、红酒，早已备好供大家欣赏、品尝。

我们班黄琦同学作为证婚人做了精彩发言。新婚乃人生中最难忘的时刻，尤其是女方父母入场，看到孩子要远嫁他乡的那份依依不舍、那份深深的厚爱，不禁让人潸然泪下。

婚礼在洪山水库宽阔的草坪上举行，时至五月，天高云淡，西式婚礼的各种白色与绿色的草坪显得格外和谐和宁静，高雅端庄，好不浪漫。

西式婚礼结束后，按照老家的习惯，中午到蔡大波的老家蔡咀村再来一遍中式婚礼。

车队按照路线穿过应城，一直向西南进发，要翻过几座丘陵才能到达。蔡咀村是一个三面环水的村庄，蔡大波家住在村子的最南端，出门即可看到一望无际的水库，风景秀丽，一幅天然的美景。

接近中午时，我们驱车赶到了蔡大波的老家。湖北农村喜欢放烟火，从村北入口一直放到他家里，每五米放置一处烟花，车队进村开始燃放烟花，整整噼噼啪啪放了半个多小时。整个村子的上空皆弥漫着一股烟花的火药味儿。

在蔡大波老家院子的中央，有一长长的帐篷，下面摆满了桌子，也坐满了人，履行完拜祖仪式，婚宴也就开始了。

来庆贺的同学有张来生、吕金荣、丁海华，还有北大国发院助教郭文先生，武汉纺织大学的黄伟先生。为了便于交流，我们就坐在一起，在拥挤的人群中，同学们仍然开心得像个孩子，吃着传统的农家宴席。尤其那一盆小龙虾，真是武汉特色，边吃边喝边回忆小时候的往事。

这真是一场中西合璧的婚礼。愿二位新人百年好合，白头到老！我们也发自内心地为他们祝福。

蔡大波婚礼结束，晚上为了感谢远道而来的亲戚朋友，尤其是山东的岳父岳母大人及亲戚，他在酒店再开宴席。我们也再次喝出一道风景，直到晚上九点多才陆续散去。

第二天上午,我们和丁海华、吕金荣三家商议前往武汉,带孩子们看黄鹤楼,品尝巴里小龙虾。赶到武汉时已近中午,由于预订较晚我们只能入住锦江之星酒店,这里离户部巷和黄鹤楼只有几百米,在大城市已经算是很难得了。

我们约定中午一点出门,从户部巷出发寻找美味,午饭后再前往黄鹤楼。让我们没有想到的是,户部巷人流量很大,非常拥挤,买个黄记热干面要排半天队,而且还没有座位,只能在小吃街的中央站着吃。

"五一"期间的黄鹤楼,用人山人海来形容有点儿太客气,仅仅进入一个安检口,我们就等了大半个小时。

楼外拥挤,楼内更挤。一字长队迂回三四圈儿,才到达黄鹤楼一层大厅。很多老人因实在受不了拥挤和空气中的汗味而选择了退出。

这样的客流量,哪还有心情参观黄鹤楼呢?按照路线必须到二楼以后才能转入出口,我们在二楼的阳台上望望长江,看看绿树成荫,给孩子们拍拍照,也就算是结束了黄鹤楼的参观,在熙熙攘攘的人流中走出景区。

晚上的目标只有一个,直接前往江边的巴里小龙虾。

这里我已经来过很多次,几乎每次来武汉都要来这里吃上一顿小龙虾,啃上一盘油泼毛豆过过瘾。

此时,此景,此地。我们三家老小坐到一起也很不容易,点了很多特色菜。孩子们跑了一天也不累,吃饱喝足后就跑到外边耍去了。嫂子们也是难得出来一次,加上几个人很对脾气,聊得热火朝天。

5月3日,我们计划返程。上午,吕金荣夫妇提出到武汉东湖去转转,我们就一起开车前往。先是去了海洋公园,然后乘船去了蘑菇山、楚长城,参观了民国巷。吃好了,喝好了,也玩好了。那就各回各家吧。

这次武汉之行可谓一举三得,不但见证了蔡大波的婚礼,还增进了同学们之间的家庭友谊,而且也让孩子们开心地度过了一个"五一"假期。

21

供给侧改革

中国是全球生猪生产和消费大国，猪肉是中国居民菜篮子里最重要的肉类蛋白之一，猪肉价格的走势往往也成为社会热议的焦点。

2021年5月22日晚，由北大国发院EMBA中心主办、北大国发院E20班承办的"北大国发院EMBA论坛之同学论道"活动，在朗润园致福轩大教室举办。本次研讨会的主题是"生猪产业链与供给侧改革"。

会上，参会人员重点讨论了生猪产业的养殖、加工、贸易环节所面临的国内外市场环境，以及企业如何调整自身在完善经营的同时促进产业链优化等议题。此外，还通过生猪产业链的研讨案例，展示了产业链供给侧改革的新趋势，交流行业和管理经验，为更多企业家提供经营战略的新思路。

万磊：养猪的生意经

天域生态农业战略发展部总经理、E20学生万磊，首先分享了他对中国养猪产业的观察。他介绍了养猪业在中国巨大的市场规模及猪在中国的重要经济地位——全球猪肉消费量的一半都在中国，每两个中国人一年就要吃下一头猪。

万磊为"养猪的生意经"做了精准的概括——多生、快长、不生病。这三点是生猪养殖的核心追求，而规模化的生猪养殖业又是一个追求极致生产效率的行业。

然而，由于欧美国家率先掌握了"吃得少、长得快、瘦肉多"的生猪养殖技术，中国生猪养殖的效率提升目前仍依赖外国。

万磊随后分析了规模化生猪养殖的两种模式：一是自繁自养的组织模式，这一模式前期投入高，但可持续盈利；二是以"公司+农户"为核心的组织模式，便于快速扩张生产规模，但风险较大。

沿着养猪业的风险话题，万磊介绍了养猪的生物安全问题，并分析了非洲猪瘟影响下的养猪产业结构变化，强调了提升防御能力的重要性。

万磊在最后谈到了一个业内比较感兴趣的话题，那就是跨界养殖。跨界养殖是一个新思路，是互联网和房地产企业利用互联网的大数据分析思维和房地产建厂专业的优势发展养猪业，并在特定地区形成全产业链，以赢得更大的市场空间。

雷永辉：中国猪肉产业消费观察

思辨华普创始人、前双汇农牧总经理、E20学生雷永辉，即我讲述了对中国猪肉产业的消费观察。

我坦言，自己曾做出两个最重要的人生选择：一是选择了中国双汇，使我对猪的全产业链都有所了解；二是选择在北大国发院读书，给自己对此前的产业实践进行总结和反思的机会，并在此结识了卓越的师友。

在演讲中，首先，我为大家普及了猪肉加工中冷鲜肉、热鲜肉和冷冻肉的区别，但健康质优的冷鲜肉在中国的普及率不及30%，这与冷鲜肉在国内的企业宣传、饮食习惯、加工成本、终端售卖方式等有关。

其次，我分析了"飞起来"的猪肉价格与市场供求关系的关联性，并重点讨论了非洲猪瘟对供求关系的破坏和相应的解决措施。

我总结了七项措施，包括上下游联动控制非洲猪瘟以保障供应，完善产业链以保障安全降低成本，多元化育种以满足多样化消费需求，加快肉制品创新以刺激市场消费，重点研发农牧业中的中国技术，农牧企业维持最好的硬件、管理与产品，多产业共同助推农业发展。

最后，我以"抓住当下，思考未来，未雨绸缪"与同学们共勉。

杨勇：进出口贸易中的红肉

北京泓睿国际贸易有限公司总经理、E20学生杨勇结合自己所在公司的经验，从红肉进口贸易的角度，利用大量专业的数据图表，为大家分析了中国猪肉、牛肉的进出口情况。

中国的猪肉消费量大，但生产成本较高，无价格优势。

2012—2014年，中国汇率上升，肉类出口减少，进口大幅上升，民众餐桌上的进口食品比重大幅提升。杨勇随后摘录了几个国家的数据，从国际贸易的视野进行了介绍，其中特别以美国为例比较了红肉进出口的市场现状。

结合在北大国发院的课程学习，杨勇分析了红肉进口的必要性：一是便于利用和发挥比较优势；二是进口肉类可以为消费者提供更为多元的选择；三是有利于"绿水青山"的建设，减轻我国的环境污染；四是通过引进国外肉类先进加工经验，提升我国行业水平。

在圆桌对话环节，卢锋老师、万磊、杨勇与我作为对话嘉宾，就生猪产业链与供给侧改革的话题回答了会场上同学们所关心的具体问题。

例如，万磊分析了生猪行业中同行间的合作关系和猪瘟的防控措施等，杨勇总结了中美贸易摩擦期间猪肉出口遭受的巨大影响和解决措施，我介绍了中国双汇得以成功的核心竞争力和企业文化。

随后，E20班主任李然老师致辞，充分肯定了研讨会中同学们力图解决现实问题，面向未来和世界的决心，以及履行企业家使命的讨论。

在圆桌会议的最后环节，卢锋老师还为E20的三位主讲同学每人赠送了一份纪念海报。礼物虽轻，于我们三人而言却重之又重。

三人行，必有我师。每个人身上都有自己的闪光点，这次圆桌会，从中受益的不仅是听讲人，我想应该还有主讲人。

22

梅兰芳大剧院看戏

2021年7月16日晚,新疆兵团为我们带来的豫剧《大漠胡杨》在梅兰芳大剧院如约上演。

这一次演出欣赏活动依然是班主任李然老师带队前往。我们下午五点多接上李然老师,然后前往梅兰芳大剧院。原本20分钟的路程却走了近50分钟,这在北京已经算是很顺利了,没有堵车只是车流量大而已,如果堵车则不堪想象。

在剧院的旁边有一个星巴克,因离演出时间还有一个小时,我们就商量先去喝杯拿铁,吃个三明治,然后再进去也不晚。

演出时间快到时,我们检票进场。由于观众缺席较多,我们直接坐到了第二排,期待着演员们的精彩演出。

《大漠胡杨》主要讲述了1955年冬,河南籍支边青年响应党的号召来到新疆兵团红星二场投身边疆建设的故事。剧中发生的事件还原了当年兵团职工为屯垦戍边事业,在艰苦环境下战天斗地、奉献青春和生命的真实情景。

晚上七点半,舞台上的大幕亮起了"大漠胡杨"四个大字。随着伴奏,演员们陆续登场,他们的精彩演出让在场的观众爆发出阵阵掌声。

全程两个小时，我们几个人聚精会神，跟随演员的表情时而开心，时而落泪。

这一次的演出，国家一级演员汪俊丽老师光彩照人，笑声爽朗。

演出结束后，我们还专门跑到后台和汪俊丽老师见面。我们班主任还特意带来了北大国发院的礼物，一个带有北大徽标的笔记本，还有一本陈老师的新书。相互认识后，我们逐一合影，向汪俊丽老师表达了我们的仰慕之情。

时间很快到了晚上十点，由于明天早上我们还要上课，袁海杰开车把我们送到各自的酒店。

这次一起看演出的同学还有余世菊，她是我们班里最低调的女生，一般不会轻易发言，但班级的各种活动和公益捐赠她都会很积极地参与，学习也是非常认真努力。

在班上她平时不爱说话，喜欢一个人独自欣赏未名湖，逛圆明园。她是广东唯一的同学，从事服装营销行业。也许是多年的商场摸爬滚打，造就了她的成熟和稳重，这一点我特别崇拜她。

23

学院的几个牛老师

自从在北大读书以来，我结识了不少优秀的老师。他们有的幽默风趣，有的严肃专注，但也有几个牛老师，他们能在某一方面，或者某一教学方式上牛出水平、牛出水准，让同学们不免在心中啧啧称叹。

张老师的公司理财

"公司理财"是一门很枯燥的课程，但是，在张建平老师的课堂上因为"佐料"加得恰当，也就变得津津有味了。

本学期的"公司理财"课由张建平老师来讲授。我们对张老师最深刻的印象是，他上课除了讲授公司理财知识，还讲历史。这样不但不影响专业课程的上课效果，反而还会加深同学们对专业课程知识的记忆，同时也学到了额外的知识，大部分同学也因此更加喜欢张老师。

作为一个公司负责人，你应该关注哪些财务重点？对这些专业知识，张老师讲得很细致、很认真，他还特别提出了损益表和资产负债表的重要性。

课堂上，我还认识了一个新词，现金头寸，头寸也称为"头衬"就是款项的意思，是金融界及商业界的流行用语。

如果银行在当日的全部收付款中收入大于支出款项，就称为"多头寸"；如果付出款项大于收入款项，就称为"缺头寸"。对预计这一类头寸的多与少的行为称为"轧头寸"，到处想方设法地调进款项的行为称为"调头寸"。如果暂时未用的款项大于需用量时称为"头寸松"，如果资金需求量大于闲置量时就称为"头寸紧"。

关于一些很有用的公司理财知识，因为额外讲授历史知识的调节效果，我不但没有感觉枯燥，反而因此记忆得更加深刻了。

感谢张老师！感谢历史！

刘老师的中国创业实践

刘二海老师是 E01 的大师兄，也是愉悦资本创始人。本次的"中国创业实践"课程分为两天，上午讲述理论，下午案例分享。

刘老师是实战派，他的教学方式很特别，与其他老师最大的不同之处是他从来不给我们布置书面作业。不过，他会安排很多案例讨论。

许多真理都是在争论中产生的。争论的前奏是讨论，讨论的升级是争论，争论的结果是得到真知灼见。

刘老师为我们安排的一个案例是关于某个企业国内奢侈品网络代理销售的。这个企业，确实做得挺好，可是，我认为，这家企业作为网络奢侈品代理商，所用的中文名字和 LOGO，显然与自己的业务不匹配。

记得当时让那家校友企业很尴尬，但至于私下他是否会采纳我的建议，那就另说了。但至少我表达了我的观点，对于这场讨论会，我是真诚的。

既然是讨论，每个人都有发言的权利，如果每个人都不发言，我认为这场讨论会是失败的。如果每个人都是一声声恭维，不提出什么问题，也不表达自己的观点，那么这场案例讨论会也就失去了本来的目的和本身的意义。

还有一个案例是分享医学美容的。这个案例在互动时我又提了一个问题，但立马把我打回原形。我说，路边到处是美容院，上面都是写着女士请进，男士止步，男同志也需要美容。

结果，刘老师说我落伍了，美容谁都可以。当时我很蒙，我确实不研究这个，一时哑口无言。后来我才想起来，他说的是医学美容，我说的是路边美容院，完全两码事，外行真的少插话。

这样的课后作业，我发自内心地感觉真的很好！每个人，包括案例企业，都会从中受益。

汪老师的转型经济学

2021年7月2日上午，汪丁丁老师的"转型经济学"开课了。

与以往不同的是，汪老师这次是在夏威夷给我们上网课。在这么美的地方上网课，真有点儿可惜了。至于夏威夷的美好风光，也只能想想罢了。

一开始听其他人介绍说，汪老师的课太烧脑了，不好理解，汪老师的牛就是他所讲授的课程内容"听不懂"。这门课程是我加选的，当时考虑线上上课方便，为了学分，也就硬着头皮上了。

汪老师果然与众不同，一上来就开始讲经济学历史，一口气讲了200多年。听起来像是历史课，更像哲学课，总体来说我觉得还挺好的。

成功的企业家都是在传统的边缘创新。汪老师的这句话深深地打动了我。这也许是老师随口讲的一句话，可能不一定是老师授课的重点，但对我们企业管理者来说却很容易产生共鸣。

这次学习完全改变了我对经济学的认知，同时也拓宽了经济学相关知识的视野，收获很大。

创新当然只有在自己最为熟悉的领域才最有可能取得成功。如果超出自己所属领域，超越传统跨界创新，成功的概率几乎为零，也就是所谓的瞎折腾。

在思维导图上，还有很多不太明白的典故和道理，我计划抽出时间认真研究思考，汲取精华，学以致用。

除此之外，还有一点也是我印象最为深刻的，那就是收益递增的三个必要条件：互补性、存量效应、路径依赖。

例如，互补性可以用于区分市场和企业。如果互补性不足，充满竞争，那就是市场。如果能够互补，那就是企业，就能实现收益递增。我恍然大悟，互补才能更好地实现增长，竞争只能让价格越来越低，经营越来越困难。

与汪丁丁老师同期举行的还有卢锋老师的 E20 "开放宏观经济学"最后一节课，6个小组分别以宏观经济问题、利率问题、双循环、房地产观察为主题做完汇报。

卢锋老师感叹，"同学们研究中国问题深入透彻，代表了 EMBA 学生的最高水准，各位企业家躬身入局、知行合一，能把宏观问题连系到企业实践中去，你们都特别棒！感谢大家的投入！"

然后，这位享誉全国的经济学家卢锋教授，走下讲台，给同学们深深地鞠了一躬。这就是我们北大国发院师生，永远会给你坚定前行的勇气和力量！

孙老师的人力资源管理

孙健敏老师曾是华为创业时的六君子之一。现为中国人民大学劳动人事学院教授，博士生导师。美国纽约州立大学管理学院客座教授，中山大学岭南学院兼职教授等。

孙老师讲课生动形象，课程案例众多。我非常喜欢老师的直白坦诚，豪情磊落。所以，上他的课，总感觉时间过得很快，还没过瘾，就快结束了。

按照孙老师要求，课程结束后我们每位同学都要写一篇关于业务经理的人力资源管理职能的具体经历。在认真参考了孙老师课件的最后案例材料后，经过反复思考，我最终决定写2014年组建家禽业的用人策略。

该产业链项目从2014年10月开始启动后，仅用了7个月时间，全产业链全面打通，这是行业历史上建场时间最快、投产速度最快的全产业链项目，也是双汇历史上单体投资最大的一个产业化项目。

这个项目满负荷后，每年利润都在一亿元以上，截至目前运行良好。归根结底是人才引进的成功，人才使用的成功，人才培养的成功，这一切确保了新产业的投产成功。

因此，企业如何引进人才、使用人才、留住人才，这些对一个企业来说都是重大考验，同时也是一门学问。企业引进一流的人才，必须给予一流的工资，必须有一个良好的用人机制，必须不断地扩大产业，以满足人才成长的需要。

作为总经理，你必须先是一个人才管理高手，否则一切都是空谈。

高老师的大数据应用

2021年7月17日，在朗润园致福轩大教室，我们有幸聆听了阿里巴巴集团副总裁、阿里研究院院长高红冰老师为我们讲授的"大数据应用"课程。

由于我不在这个领域，也未从事此领域的相关工作，通过本次课程的学习，我对大数据驱动商业模式有了新的认识，并了解了IT（互联网技术）

到 DT（数据技术）的演变，以及其他一些基础知识。

这次上课，高红冰老师的"大数据应用"课程讲得很好，也有很多互动细节，整体效果还是相当不错的，其中有几点印象比较深刻。

第一，互联网创新是"技术＋商业＋规则"三位一体的，不可分割；第二，TCP/IP协议，自下而上重构经济社会的"信息基础结构"；第三，我们需要研究的问题是商业模式和社会发展的数字化转型。他认为，我们正处于一个巨变的时代，最关键的是如何建立观察变革、拥抱挑战的思考框架。互联网为我们带来的全新逻辑和框架就是技术创新、商业创新，同时伴随的规则改变建立了全新的、经济社会的信息基础结构。

1994年互联网进入中国，其后互联网在中国商业化的主线路由最早期基于网络游戏的盈利模式及基于信息内容的互联网广告盈利模式，最终走到了今天我们所看到的电子商务。网络将商务结合起来，已经成为今天中国商业经济互联网化的一个主流模型。

首先，互联网不仅在改变城市生活，也在改变农村生活；互联网不仅改造消费、流通模式，也在改造生产制造业、金融业。互联网在带来一些更大的价值创造层面上，越来越突破我们原有的工业经济的局限。

互联网在改造我们的现在，也在改造我们的未来。互联网形成一个又一个平台经济，以高效、高速、零边际成本的方式运行，过去的工业经济结构造就的垂直、线性的链条，以及高成本、高库存的障碍，让互联网有机会去改变它们，并创造新的奇迹。

其次，未来五年到十年，整个经济在互联网驱动下会发生非常大的裂变。人类正在从IT时代进入DT时代，DT时代有三大支柱：第一个是云网端，由云计算、宽带和智能终端构成了新型的互联网基础设施，所有的业务、消费、商业、制造业都在"云"上跑；第二个是数据，线下实体零售和今天整个互联网驱动的零售体系相比，数据的体量和价值都有天壤之别；第三个是分工协作体系，像华为、海尔这样的企业，其上下游企业的个数大概在几万家，但是淘宝有一千万个卖家、四亿多的消费者，还有海量服务商，构成了一个新的协作体系，这个协作体系在随机配对和连接中带来大的创新。

最后，进一步了解了互联网企业的大数据框架、数据应用模式，以及企业数据产品化、数据组织和数据文化，为更好地融入数字经济时代重新梳理了思路，找准了方向。如今，我们已经进入了一个大数据时代，我们必须积极拥抱大数据。

两天的课伴随着两天的绵绵细雨，真美！雨声伴着书声，声声入耳入心。坐在致福轩的大教室里，听着老师生动有趣的讲解，透过古老的窗格欣赏着窗外晶莹剔透的雨珠，内心升起一种无比的幸福感。

24

"字节跳动"的声音

字节跳动。单说这四个字，大家可能有点儿陌生。

但如果说起抖音、今日头条、西瓜视频，我们会十分惊讶地发现，原来字节跳动这么厉害！我们每个人都能具体地感觉到。

对！没错。这就是我们所处的互联网时代，一个大企业的崛起可能用不到10年的时间就可以完成。

为了这节期待已久的课，我提前两天来到北京。按照以往的惯例，在现场教学之前我们提前上完了理论课。

2021年6月22日下午，在北大国发院助理院长范保群、EMBA中心主任柴豫荣及班主任李然老师的带领下，我们来到了字节跳动的北京总部。

本次现场教学我们主要参观了字节跳动的科技体验馆。字节跳动人工智能实验室成立于2016年，旨在针对人工智能相关领域的长期性和开放性问题进行探索，帮助公司实现对未来发展的构想。

其独立研发的今日头条客户端，通过海量信息采集、深度数据挖掘和用户行为分析，为用户智能推荐个性化信息，从而开创了一种全新的新闻阅读模式。

在智能会议室，我们重点听取了飞书团队的产品介绍。飞书将即时沟通、智能日历、音视频会议、OKR（目标与关键成果）、飞书文档和工作台深度整合，通过开放兼容平台在一处即可实现高效的沟通和流畅的协作，全方位提升企业效率。

2020年的11月18日，飞书在北京举办"2020飞书未来无限大会"。这是脱胎于字节跳动内部办公软件的飞书首次大规模公开亮相。字节跳动副总裁、飞书CEO谢欣当时还在演讲中表示，进入知识经济时代，飞书致力于打造一款配得上这个时代的工具。

在飞书，享高效。飞书究竟有多高效？

可实现两个人同时管理5000人的团队！飞书的这一超强效率，让我感到十分吃惊，真没想到如今的互联网科技，让效率如此神奇。

字节跳动成立于2012年3月，是北京的一家信息科技公司，同时也是最早将人工智能应用于移动互联网场景的科技企业之一。2021年全年的营业收入约为580亿美元，公司以"全球创作与交流平台"为愿景。其旗下产品有今日头条、西瓜视频、抖音、皮皮虾、懂车帝等。

走出字节跳动北京总部的大楼，让我唏嘘了很久，同时也越发感觉到个人的渺小。面对时代的进步和科技的发展，我感觉需要掌握的知识太多了。

如何利用自身的优势，嫁接好数字化技术，更好地服务于行业？这成为我必须思考的问题。带着各种焦虑，我回到了酒店。

晚上，看到李然老师朋友圈发了这样一条信息——

忙活的周末，脑子中萦绕不去的事儿啊：①转型期中国的经济、社会、文化分别处于什么状态？②所处组织中的收益递增现象？③宏观调控的基本面？④课程中提到的各种书都还没读过呢？！⑤河南水灾我能做啥？⑥南京等地新冠疫情，应对措施咋样？⑦八月孩子集训咋回事？又有演出了？⑧孩子各种课程时间安排妥了吗？⑨班级年会物品置办咋样了？

⑩课评收齐了吗？⑪考勤记全了吗？⑫作业都交了吗？⑬苏州现场课程企业和食宿都联系好了吗？注定是个不消停的暑假，还好有今日小确幸——朗润园的西府海棠结果儿了。

事真多呀，天天加班，而且干起工作还那么认真。不管多么忙，始终按照标准办事。老师啊，老师……您真是老师！不说了——向您学习。

看着李然老师的朋友圈，听着"字节跳动"的声音，我猛然间由焦虑转为心潮澎湃——他们都在以每分钟一千转、一万转的速度旋转着，而我在干吗呢？

25

暴雨中的北大情

　　北京的夏天多雨，雨时大时小，雨滴挂在树叶上晶莹剔透，落在水里悄然无声，微微激起一圈圈涟漪，这里的清晨美极了。

　　我被窗外的雨声敲醒，看看表，早上六点半，习惯性地起床锻炼身体。来到我所住的博雅酒店健身房，工作人员早已各就其位，在彬彬有礼地接待每一位会员。

　　酒店游泳池紧挨中央花园，透过玻璃能够清晰地看到窗外的风景，大树、小路、绿草、凉亭，还能看到一棵桃树上结满了黄黄的红红的小桃子。大概是因为北京季节的原因，这都快进入2021年7月下旬了，竟然还能看到树上的桃子。

　　从健身房出来，拿出手机点开微信朋友圈，发现最近天气很不妙。连日来，河南普降暴雨、大暴雨，局部地区还出现了特大暴雨。

　　家乡一直被洪水的阴云拢罩着，我的心情也一直很压抑。一天还没过去呢，当天下午，朋友圈里突然接连不断地爆出郑州地铁进水了。

　　我虽然身在北京，心中却也一直惦念着郑州，密切关注着地铁进水的最新消息。这水这么大？郑州究竟怎么了？地铁里该会有多少人？有多少能获救？不仅是我，我想很多人应该都对此事件牵肠挂肚吧。

这不是一个人的灾难，也不是一座城的灾难，而是我们共同的灾难。我们都是人，都有着常人正常的情感和同情心，这样的不幸，它是随机的。

一个个人民子弟兵，一批批的志愿者，他们冲锋在抗洪第一线，他们一直被泡在水里，他们忘我地救出一个个被困群众。

一张张照片，看得我双眼湿润。一个个视频，看得我心急火燎。再想想，我能干些什么呢？被困群众他们需要什么呢？还是赶快行动吧。

暴雨无情，人有情。风雨面前，一起扛。

北大国发院多家校友企业，多名EMBA在校生和校友，大家三五成群地聚在一起，商议尽快以自己的行动驰援河南，与河南人民一起共渡难关。

除了校友企业，北大国发院EMBA2020级在校生也在灾难发生的第一时间，迅速行动起来，班级同学同心协力，韩娇婧、宋立言等同学战斗在抗灾的第一线，没日没夜地为群众奔忙。

班级中的其他同学，有的送上遥远的祝福和一份捐赠款，有的发动同学或亲友为灾区送上生活必需物质，还有不少同学除了以个人名义为河南灾区捐款外，还以所在企业的名义并发动企业所有员工分别为河南灾区捐款。

北京大学河南校友会还特地成立了抗灾抗疫委员会，制订了紧急援助方案和持续援助方案，组织广大校友捐款捐物，支援灾情紧急救援和恢复重建工作，先后向鹤壁浚县灾区捐赠急需药品，也向新乡市教育局和许昌市民政局等捐赠消杀物品。

后来，北京大学河南校友会持续关注灾区情况，对灾区环境消杀，以及学校、养老院的恢复重建进行持续集中帮扶。

这次捐助行动，我当时在漯河，没能赶到现场参与救援和救灾，后来我以个人的名义给河南慈善总会捐赠了两万元现金，给北京大学河南校友会又捐赠了五千元，以表达我对灾区群众的关爱。

我想，这应该算是我升腾起的家国情怀、责任与担当吧。

这时，我刚离开双汇一年整，还在创业期，加上新冠疫情的影响，公司业绩一般，没有盈余，但是国家兴亡，匹夫有责。

26

武夷山文化之旅

　　武夷山是一座历史文化名山，位于福建省西北部。早在新石器时期，古越人就已在此繁衍生息。唐代时唐玄宗大封天下名山大川，武夷山也受到封表，并刻石记载。

　　福建不仅有好山，还有好友同窗。2021 年 7 月底，全国新冠疫情基本稳定，福建张力同学经过很长时间的筹备，为北大国发院 E20 同学倾情打造了一次探寻武夷山朱子文化之旅。

　　机不可失，既已来了，就好好把握。一大早，我们一家四口拉着行礼就出发了。这趟高铁是郑州开往厦门的，全程约 1000 千米，总时间 6 个小时。沿途经过湖北省、江西省，一路风景秀丽，孩子们一饱眼福。

　　7 月 30 日下午三点，高铁准时到达武夷山北站，这里早有一辆福特中巴在等候。上车后，司机一边介绍着武夷山的风景和美食，一边悠闲地开着车，20 多分钟抵达预定的悦华大酒店，导游小蒋已在大堂等候多时。

　　到达酒店后，我烧了一壶水，分别给我家这三位"领导"倒上。他们三人或躺或坐，一个个都休息了。看着他们一个个慵懒休息的幸福样，我也躺在床上休息，一边看着天气预报思考这几天的行程，一边记下一件件需要准备的东西。

参加这次旅行的同学有 20 多位，加上家属 30 人之多，这是继戈壁拓展以来第二次外地聚会。

按照约定时间，晚上六点一楼宴会厅集合就餐。我们拉起孩子简单洗漱后来到宴会厅，张力、赵向阳、解海中、易涛、王新韬、赵中平、高伟刚早已到场。房间里三桌排开，酒菜已经上齐，经历了上半年新冠疫情的骚扰，大家难得相聚。

次日早上，八点准时在大堂集合，出发前往天游峰。在车上，我一边走一边为孩子们讲解着。

天游峰位于武夷山景区中部的五曲隐屏峰后，海拔 408 米，绝对高度只有 200 多米，上山的台阶一共只有 848 级。所以，爬山的难度并不大。

此峰独出群峰，云雾弥漫，山巅四周有诸名峰拱卫，三面有九曲溪环绕，武夷全景尽收眼底！在登顶的那一刻，你的人生就像达到了某个阶段的目标，那份小小的成就感完全大于你登山的全程。

孩子们听完我的讲解后兴趣很大，登山的积极性也很高。在我的鼓动下，他们刚开始的速度远远超过了我。

武夷山，我之前来过一次，景点也大致熟悉，这次来主要是陪孩子们旅游玩耍。所以，我没有那么兴奋，也没有那么积极。

把他们鼓动上去了，我爬到半山腰却不想再爬了。

上面不过一千米的陡峭山路，但是，再好的风景，第一眼与第二眼的感觉绝对是隔着千山万水。所以，那份美好也就淡了。

停留在这里算什么呢？要上就上，要下就下。

三尺讲台，老师重复一年又一年。年年岁岁花相似，岁岁年年人不同。风景也应该是了。

于是，我加快脚步，几步就追上了我爱人和孩子们。到达顶峰，我们找了一个桌子坐下休息，邻桌的蒲新宇刚买的西瓜给我们分了一盒，孩子们又渴又饿，不大工夫就全部吃完。

吃完西瓜喝完水，我们开始移步天游观三清殿。这里供奉的是太上老君等神灵，虔诚地参观一遍，从侧面台阶下山了。

不远处有一个摩崖石刻，赤色大字"天下第一山"，小孩们争先拍照留念。明代旅行家徐霞客曾赞美天游峰：其不临溪而能尽九溪之胜，此峰固应第一也。

自此之后，大多文章均沿袭，以此来解释武夷"第一山"摩崖。

顺着九曲溪返程，接下来参观朱熹纪念馆，馆为仿宋宫殿式建筑，坐北朝南，呈长方形，南北长约35米，东西宽约25米，由前厅、两廊、庭院、展厅（大殿）等组成。

纪念馆西廊展出朱熹生平，分朱熹先世、童年勤学、定居五夫、讲习武夷、论道东南、宦海沉浮、魂归唐石、身后封谥8个部分，以大量的图片、丰富的文物，形象生动地反映了朱熹坎坷而伟大的一生。

西廊中亭，耸立着朱熹撰并书的刘公神道碑，此碑已被列为省级文物保护单位，是馆内的镇馆之宝。

纪念馆东廊展出薪火传世、著作等身、朱学传人、国外影响、国内影响、四次朱子学国际学术会议、闽北朱子文化遗迹、朱子后裔等内容，琳琅满目，异彩纷呈，形象地展示了朱子学说贯通古今、远播海外的盛况。

东廊中亭，竖立着两块儿石碑，一块儿为汉祀碑，碑文记述汉代及明代朝廷祭祀武夷君的盛事；一块儿为武夷山图序碑，镌刻朱熹当年为冲佑观提点高文举所绘武夷山图撰的序文，全文270多字。墙上也镶两个擘窠大字，为朱熹墨迹"忠""孝"。匾额为朱熹手迹"德配天地"。

走出朱子纪念馆已经下午六点多，按照导游安排，直接前往大红袍剧场，对面有个小吃街大家自由饮食，七点之前进入剧场，否则禁止入内。

因此，我们在小吃街很迅速地买了几个肉饼和两碗牛肉面，二十几分钟搞定了晚餐，接着就急急忙忙排队入场。

《印象大红袍》是导演张艺谋创作的以世界双文化遗产胜地武夷山为

背景，以武夷山岩茶——大红袍为表现主题，是展示中国茶文化的大型山水实景演出。

这个圆形的剧场可以坐下 2000 名观众，演出时间 70 分钟，内容将分为 9 个篇章，有戏剧、亮光人、唐舞、赶考等内容，灯光效果强，给人一种置身山林的感觉。

演出中有一个最大的亮点，演员们一声呐喊，大王峰和玉女峰被瞬间照亮。演员们再一声呐喊，水也被灯光瞬间照亮。演员们开始讲述大王和玉女的爱情故事。历史如水，潺潺荡漾出优雅的线条，流连在古代才子的对月独酌，月下佳人的颦笑扶摇、环佩叮当间。

这就是史无前例的"矩阵式"实景电影，将 15 块电影银幕融入自然山水之中，组成"矩阵式"超宽实景电影场面，现场效果如梦似幻，表演阵容强大。为观众介绍了从采茶到制茶的整个过程，古色古香的旧楼阁，仿佛带我们穿越时空，走入历史深处。

"不坐竹排，等于白来"。竹排在哪里？怎么坐？

——九曲溪漂流。这是福建武夷山旅游最富特色之处。

2021 年 8 月 1 日一大早，我们来到九曲溪。坐上宽约 2 米、长约 9 米的仿古竹筏，顺着全长约 9.5 千米的九曲溪随波逐流而下。

溪面忽而平缓似池，忽而湍急如潮，竹筏随之或缓缓而行，或疯癫舞蹈，人也随之亦然。

九曲的溪水落差不是很大，但是，在九曲溪的蜿蜒中，你可以感受到大自然的温柔缠绵。在溪水的清澈中，你可以感受到大自然的清灵纯洁。在溪旁的风光中，你可以感受到大自然的神奇妙曼。

漂流结束，我们的目光还在流连忘返。如果不是肚子在咕噜咕噜地造反，真想在水里多漂一会儿。

午饭被安排在景区的一个山庄饭店。这里曲径通幽，窗明几净，有个独立的大包间可以放四张桌子，房间里音响和荧幕俱全，学委解海中还在这里给大家做了一场太空科学，给小朋友普及了一下电子遥感技术的发展。

午饭的餐标还是挺高的，各类武夷山特色应有尽有，尤其是九曲溪的红眼鱼，这是我的最爱，肉质鲜嫩，鱼鳞酥脆，配上武夷山竹筒酒，那简直就是神仙般的享受。

饭后怎少得了一杯香茗呢？大红袍是武夷岩茶中的状元，它生长在武夷山北部的九龙窠中，仅剩三株，极为名贵。下午，大巴车直接把我们带到了大红袍茶树的入口。

九龙窠是一条清泉渗流的峡谷，大红袍生长的地方海拔600多米，溪涧飞流，云雾缭绕。这里的土壤是由酸性岩石风化而成，所以很适合茶树生长。

关于大红袍，这里还有一个典故。

话说明洪武十八年，有位穷秀才丁显上京赶考，路过武夷山时，病倒在路上，幸被天心庙老方丈看见，泡了一碗茶给他喝，果然病就好了，后来秀才金榜题名，中了状元，还被招为东床驸马。

一个春日，状元来到武夷山谢恩，在老方丈的陪同下，到了九龙窠，但见峭壁上长着三棵高大的茶树，吐着一簇簇嫩芽，在阳光下闪着紫红色的光泽，很是可爱。老方丈说，去年你犯鼓胀病，就是用这种茶叶泡茶喝了之后治好的。很早以前，每逢春日茶树发芽时，就鸣鼓召集群猴，穿上红衣裤，爬上绝壁，然后采下茶叶，炒制后收藏，喝了可以治百病。

状元听了，要求采制一盒进贡皇上。第二天，庙内烧香点烛、击鼓鸣钟，招来大小和尚，向九龙窠进发。众人来到茶树下焚香礼拜，齐声高喊，茶发芽！然后采下芽叶，精工制作，装入锡盒。状元带茶进京后，正遇皇后肚疼鼓胀，卧床不起。状元立即献茶让皇后服下，果然茶到病除。

皇上大喜，将一件大红袍交给状元，让他代表自己去武夷山封赏。一路上礼炮轰响，火烛通明，到达了九龙窠，状元命一樵夫爬上半山腰，将皇上赐的大红袍披在茶树上，以示皇恩。说来也奇怪，等掀开大红袍时，三株茶树的芽叶在阳光下闪出红光，众人说这是大红袍染红的。

后来，众人就把这三株茶树叫作"大红袍"了。有人还在石壁上刻了"大红袍"三个大字。从此大红袍就成了年年岁岁的贡茶。

参观完大红袍母树，导游特意把我们拉到一个制茶山庄。这里有一制茶世家，带着我们参观了制茶的流程和所用的设备，而且让大家体验了一把摇茶的感觉，然后坐到茶室讲解武夷山茶的分类，并让我们一一品尝。

参观品尝结束，同学们大包小包带了不少茶叶，想必是茶庄历史上卖得最多的一次吧，毕竟这一车都是北大国发院的企业家，购买力和购买欲都是没的说的。

两天的行程很快就结束了，从茶厂出来直接返回悦华酒店。北京的同学们要赶飞机，早已收拾好行李寄存吧台，下车后立即前往武夷山机场了。

我们没有那么着急，就订了次日的高铁。晚上还是在酒店对面的当地酒家美美地吃了一顿，晚上在酒店美美地睡了一觉。第二天优哉游哉地赶往南平高铁站。

这次武夷山之旅真是见缝插针啊，难得、难忘。归途中，武夷山的美景和张力同学的笑容，久久存在在同学们及家属的心中，最终被定格成一张照片，珍藏在岁月深处。

27

两位金融大家

在上课之前，不管是线上课还是线下课，我都有一个课前预习的习惯，因为这样听起课来更有针对性。再者，两位教授都是金融领域里的大家。所以，二位老师的课我也是期盼已久。

首先，黄嵩教授的"私募股权投融资"课对我来说，这是一个完全陌生的领域，当然也是一次很好的扫盲机会。

其次，作为一个双汇人，我对黄嵩教授关于"双汇为什么收购史密斯菲尔德"的观点非常认同。我觉得，作为一位经济学家，他的这一观点可以说是站在哲学的思想高度提出的。

黄教授认为，"资本'走出去'、商品'走出去'"难以成功，而在"资本'走出去'、资源买回来"适用范围狭窄的情况下，出现了第三种并购类型——目的不是（或不仅）为获得国外市场，亦不是（或不仅）为获得国外资源，而是通过收购，获得其品牌、产品、技术和管理经验，最终目的是发展中国市场，是"资本'走出去'、东西买回来"。双汇收购案就属于此种类型，其目的并不是将中国猪肉销往美国市场，而是将美国猪肉卖到中国市场，以及在中国市场卖更多猪肉。

在惊叹黄教授这一观点提出的同时，我也看到了他背后的理论与实践支撑。黄嵩教授为北京大学的经济学博士，现为北京大学软件与微电子学院金融信息与工程管理系教授，其研究领域为互联网金融与金融大数据、创业投资与私募股权、资本市场与投资银行学。

在授课的同时，黄教授还曾操作过数十个私募股权投资、兼并与收购、企业上市等方面的资本市场项目，并担任多家公司的顾问。在《金融研究》《学术研究》等核心刊物发表学术论文数十篇，出版《资本的逻辑》《资本市场学》《金融与经济增长：来自中国的解释》等专著8部。

黄嵩教授不但在资本领域有着丰富的实践经验，在学术方面也是著作颇丰。这些都是他在三尺讲台上尽情挥洒的资本。

通过本次私募股权的课程学习，我明白了H股、红筹股、VIE（可变利益实体）结构、回归模式使用的企业范围，并了解了投资公司投资标准的三要素（市场、模式、团队），填补了股权融资的知识空白。同时，也清楚了基金募集的步骤（募、投、管、退），以及优秀企业家应该具备的素质（热爱、专注、坚持、分享、好学、节约）等。

这些知识都较为具体，是作为私募机构、大型企业必备的常识。对企业管理者来说，这也是一次很好的专业扫盲。

如果说私募股权对大型企业来说是必修课，对小型企业是选修课，那么数字金融，特别是数字普惠金融，对小微企业来说则是必修课了。

"数字金融"这门课本学期由黄益平教授来讲授。黄教授现任北京大学国家发展研究院副院长、教授，北京大学数字金融研究中心主任，主要研究领域为宏观经济与国际金融。

黄益平教授曾在2015年6月至2018年6月担任央行货币政策委员会委员。此外，他还是英文学术期刊 *China Economic Journal* 主编和 *Asian Economic Policy Review* 副主编，中国金融40人论坛成员，中国经济50人论坛成员。

在"数字金融"的课堂上，黄教授讲道："数字普惠金融最大的优点就是普惠性，如商业银行能够为小微企业、低收入人群提供金融服务……普惠金融革命，使原来不可能的成为可能，而原来的优势也许不再是优势。"

黄教授认为，传统模式的普惠金融则很难做到。一方面，是获客太难，小客户比较分散、规模也小，银行不太容易与他们打交道；另一方面，是风控太难，银行风控主要考虑抵押资产、财务数据、政府担保，而中小微企业和低收入人群不具备这样的条件。

互联网银行则很好地解决了这一问题，这对普惠金融具有重要意义，最大限度地规避了获客难与风控难的问题。

尤其在新冠疫情期间，电商购物、网络配送、远程直播、抖音带货、网络贷款，都得到了快速发展，充分体现了方便快捷、选择余地大、无接触交易等优点。

摆脱对线下网点的依赖，利用互联网的平台连接到偏远农村地区，以及更多的中小微企业和低收入群体。对数字金融来说，利用互联网的优势来解决这些问题，可以说几乎没有什么成本，尤其是大数据互联网时代，既可做诚信风险评估，又能解决风险控制问题。

中国形成数字金融，并集中在普惠金融领域的主要原因，可以归纳为三个重要方面：

第一，数字金融不需要到线下实体金融机构办理业务。数字金融完全可以通过移动手机、互联网电商平台，实现与更多的中小微企业和低收入群体发生连接，按照网络设计流程实施有效快速的服务，通过微信、支付宝等电商支付平台完全可以解决获客的问题。

第二，互联网平台成本很低，服务效率较高，传统金融机构无法实现。比如，传统的银行机构如果想为中小企业提供贷款服务需要提供很多的资料，包括多次的沟通和面对面的审核调查，时间长、效率低。

第三，数字金融可以通过大数据高效快捷的完成风险评估。可以通过大数据分析客户的资金实力、购买实力、过往交易信誉，快速评定客户信誉度和确定放贷的数量。尽管还有很多的问题，但是它的优势非常明显，符合市场发展的规律。

除了关于数字金融的很多重要观点及认识之外，在2019年12月15日北京大学国家发展研究院举办的第四届国家发展论坛上，北京大学国家发展研究院与布鲁金斯学会联合发布"中国2049"报告，作为北京大学国家发展研究院的副院长，黄益平在发表演讲时也提出了自己的观点。

他认为，中国经济改革40年成功的根本原因是"放"，而不是"管"。在看待经济政策时要从实际出发，实事求是，"摸着石头过河"是一条最重要的经验。

"摸着石头过河"，不管用什么方式摸，至少我们自己心里有底。在没有现成的道路可走，没有定型的模式可用的情况下，我们只能也必须迈开步子，大胆地向前走。

在数字金融时代，其实我们依然可以"摸着石头过河"。毕竟艺术创作的重复是死亡，经济改革的复制是失败。只有创新，才能发展；只有改革，方能进步。

28

移步换园上新课

对于2020级EMBA的同学们来说，我们是非常幸运的。

在北大的读书生涯中，朗润园的教室里不仅留下了我们一年的美好记忆，我们还有幸在承泽园度过课余的美好时光。

北大国发院承泽园院区项目于2008年正式立项，2015年承泽园新楼奠基。期间历经十多年，在国家发展改革委、教育部、财政部等多部委的支持下，北京大学、国发院师生校友、多家知名企业、基金会、海淀文物局和承建单位勠力同心，使承泽园古建修缮与新楼建设顺利推进，北京大学国家发展研究院暨南南合作与发展学院承泽园新院区，终于2021年落成启用。

2021年9月19日，中国国际经济交流中心副理事长杜鹰，北京大学党委书记邱水平、校长郝平、副校长王博等嘉宾出席了启动仪式。仪式由北大国发院院长、南南学院执行院长姚洋主持。

在启动仪式上，北京大学原党委书记任彦申，北大国发院名誉院长、南南合作与发展学院院长林毅夫，人民大学经济学院院长刘守英，台塑企业北京负责人黄家祺，新华都集团董事长陈发树，校友代表周延等嘉宾分别发言，向承泽园的落成表示祝贺。

林毅夫、姚洋、余淼杰等分别为重要捐赠代表颁奖，感谢捐赠者们慷慨支持学院发展，为承泽园古建修缮和教学楼兴建所做出的贡献。

正如邱水平书记在致辞中所说的，承泽园新院区的落成启用，不仅是北大国发院和南南学院发展的里程碑，也是北大深化理论创新、培养优秀人才、服务国家发展的新起点。

北大国发院成立26年来，其专家学者一直牢记北大国发院的宗旨，非常注重理论与中国现实问题的结合，始终扎根在中国大地上凝练中国理论，贡献中国智慧，为北大的教学科研和中国的发展改革做出了突出贡献。

南南学院成立8年来，该院教授学者也培养了一大批知华友华的高端人才，为构建人类命运共同体事业做出了重要贡献。

在接下来的合作中，邱书记希望北大国发院和南南学院以此为契机，继往开来，不断完善学科体系，创造前沿理论，打造高端智库，传播中国智慧，培养更多优秀人才，为北大跻身世界一流大学前列、为国家构建发展新格局不断谱写更加璀璨绚丽的篇章。

启用仪式结束后，承泽园落成庆典论坛举行。园内同步陈设的4项展览正式开展。当晚，北大国发院师生校友、教职员工共同演绎的庆典晚会成功举行。

承泽园南临畅春园，东接蔚秀园，最初为果亲王允礼赐园，始建于雍正三年（1725年），道光年间为寿恩固伦公主赐园，光绪中叶（1890年左右）为庆亲王奕劻赐园。后承泽园为收藏家张伯驹个人所购得。

张伯驹（1898—1982）祖籍乃河南项城人，为我国老一辈文化名人中集书画鉴藏家与诗词、戏曲、书画等卓有建树于一身的文化奇人，堪称"京华老名士，艺苑真学人"。

园内山水、清代楼阁、宅院尚存，为西郊诸园中保存较完整的园林之一。其总体上分为南北两部分，中间隔以东西走向的溪湖。园门向南开，南部为宫门和附属房屋，北部为园区建筑的主体部分，又分为东西两所，建有正房、厅堂、小亭、城关等建筑若干。

其西所湖北岸有北大现存唯一两层古楼，湖南岸有北大唯一方轩亭，湖东北岸有北京地区仅存的国家二级保护古木流苏一株。

承泽园既具有古朴典雅的复古风格，又具有现代科技的时尚元素。园内教室为阶梯式，教学设备也挺先进的。餐厅在大厅的负一层，食堂宽敞明亮，菜肴丰富，色香味俱佳。

在承泽园的隔壁就是我们住宿的酒店，因为距离近的缘故，所以上下课方便多了。酒店不远处，有一家阳坊涮羊肉，这是我们上学期间就餐频率最高的一家饭店，虽然不算高档，但同学们聚会还是完全没有问题的。

承蒙社会各界的恩泽与厚爱，终于有幸得以在期盼已久的承泽园里学习和生活。在继往开来的路上，我们将继续努力，谨记母校宗旨，为国家和社会的发展尽一份微薄之力。

29

河南校友联谊会

2021年10月16日下午，北京大学河南校友会国发院分会理事联谊会在河南海王医药集团会议室举行，在河南的近二十余名理事参加了联谊会。本次会议分会还特别邀请到了北京大学国家发展研究院姚洋院长。

会议由北大国发院分会理事贺瑞峰主持。校友企业河南海王医药集团总经理秘书龚兴，首先为各位理事做了企业情况报告，介绍了"海王"的品牌价值、全产业链布局、生物商业体系、优质的医药供应链服务体系等方面概况及2021年核心业务发展规划。

"海王"历经三十余年的发展，一直致力于持续增强科研实力、创新商业模式、提升服务质量、履行社会责任，为提升区域医药健康行业发展、保障人民群众用药安全有效做出了突出贡献。

恰如北大国发院分会秘书长张伟所说的，秉持着"服务母校、服务校友、服务地方"的核心理念，为促进校友交流，及时完善校友联系库、校友群，逐步健全组织架构，并成立了第二届北京大学河南校友会国发院分会理事会。

北京大学河南校友会国发院分会自成立以来，在母校与校友之间、校友与社会之间,发挥了积极的作用。

近年来,随着河南城市地位的提高,更多毕业校友回到家乡开创事业,也积极参与到分会的各项活动中来。在河南遭遇洪水和新冠疫情时,分会凝聚校友力量,第一时间送去急需药品及物品。除此之外,分会在平时还会定期或不定期组织线上和线下活动,配合母校的招生活动。

北大国发院分会会长李睿也在会上表示,希望结合校友会、国发院分会共同为一线灾区提供帮助,将引导当地灾后重建、发展等方面作为重中之重且持续性的工作来做。

在北大国发院分会工作汇报结束后,各位理事与姚洋院长分享了各自的生活和工作,并向姚洋院长提出各自关心的问题。

针对各位理事提出的问题,姚洋院长一一给予详细而深刻的解答。理事们听后豁然开朗,所有的担忧和疑虑皆烟消云散,对后期和明年工作的开展也基本有了大致的思路和方向。

为了帮助校友们和校友企业更好地开展工作,姚洋院长就大家都关心的当前经济形势进行了重点分析,并对近期的走势研判与各位理事进行了交流互动。

姚洋院长说,我关注中央文件很长时间了,目前,"稳增长"排在第一位,这是我对当前经济形势的判断。

在新冠疫情的冲击下,外部环境更趋复杂、严峻和不确定。但对我国民营经济,姚院长说,"我觉得民营企业不用担心,中央文件里说得很清楚,要支持和引导资本规范健康发展,坚持和完善社会主义基本经济制度,毫不动摇地巩固和发展公有制经济,毫不动摇地鼓励、支持、引导非公有制经济发展。"

关于共同富裕和实现共同富裕目标,现在强调的是先要通过全国人民共同奋斗把"蛋糕"做大做好,然后通过合理的制度安排把"蛋糕"切好分好。

这里明确了共同富裕不是"杀富济贫",这给我们的企业家吃了一颗定心丸。在这里也强调一点,大家在理解中央政策时,一定要阅读中央文件原文,而且只需按字面意思理解,不要做过分解读。

如果说中国的产业政策有成功案例的话,电动汽车产业应该算一个。姚洋院长预测,到 2030 年我国电动汽车的销量可达到 1400 万辆,届时将超过全球总销量的 1/3。

目前,我国在电动汽车领域的发展已经全球领先。十年之内,中国电动汽车在全球的发展极有可能重复日本汽车当年的辉煌。

有数据显示,房地产对我国 GDP 的贡献率为 17.2%,非常高,而且间接贡献更大。姚洋院长还特别提醒各位理事,房地产行业不仅仅是盖楼、卖楼,还包括装修工程、家电销售等,是长链条产业。房地产是中国经济复苏的主力之一,因此,千万要做好房地产业。

30

我的导师

我与陈春花老师最早的相识，是缘于2015年爱猪网在济南举办的中国猪业山河论坛。

当时陈老师报告的主题是，"互联网时代的管理，所有的增长来源变化，企业管理者要不断地改变自己，超越自己，与变化共舞，与顾客对话。"

这些经典的见解让与会企业家受益匪浅，她的演讲案例剖析透彻，定位精准，句句都是道理。

从那以后，我就特别关注陈春花老师的书籍、各类活动、演讲视频，以及"春暖花开"微信公众号里的每日花语、有声散文、共生课堂等，只要新作品出来，一定要认真阅读，理解内涵，揣摩要点，吸纳应用。

后来从不同的渠道得知，陈春花老师曾任新希望六和股份有限公司联席董事长兼首席执行官，并曾获2018年《财富》"2018年中国最具影响力的25位商界女性"，2019年《财富》"中国最具影响力的50位商业领袖"等荣誉称号。

2019年的元旦前夕，陈老师通过"春暖花开"微信公众号发表了对企业经营的6个关键认知：一切正转化为数据；联接比拥有更重要；可信与开放协同是关键；从竞争逻辑转向共生逻辑；顾客主义，关键是顾客创造价值；长期主义，在不确定性中确定。

其实，这些管理总结，亲身实践企业管理的人都会产生共鸣。我作为一个农牧企业的管理实践者，很想系统地把管理理论结合起来，进一步提升自身的综合管理水平。

我之所以选择北大国发院 EMBA，主要想全面提升个人的企业管理水平，真正做到企业管理实践与企业管理理论相结合，成为中国农牧行业真正的管理实践专家和理论专家。

为了更深入地理解陈老师的管理思想，我报了一期培训班。这次培训的主题是企业管理整体论。在这次的学习中，班上发了很多重要卡片，给我印象最深的是以下 6 个：

（1）数字化的生存意味着一切都将被重新定义。

（2）你有什么样的战略安排，你的命运就会发生什么样的变化。

（3）在今天，因为数字技术，任何行业都值得重新做一遍。

（4）如果想让员工能够真正地提供服务，一线员工要有资源和得到授权。

（5）不要轻易承诺服务，不要过度服务。

（6）变革所有的动作，最终指向目标。

2020 年 8 月 2 日下午，陈老师来到授课的现场，穿着得体，依旧长发，戴着眼镜，给大家的印象始终就是一个职业老师的形象。

陈老师的报告主题是企业整体论的 7 个原理——

第一原理：经营者的信仰就是创造顾客价值。

第二原理：顾客在哪里组织的边界就在哪里。

第三原理：成本是整体价值的一部分。

第四原理：人与组织融为一体，管理的核心是激活人。

第五原理：驾驭不确定性成为组织管理的核心。

第六原理：从个体价值到集合智慧。

第七原理：效率来源于协同而非分工，组织管理从分转向合。

课堂上，陈老师的课程中有很多企业案例，她总能把理论讲得很透彻，让你一听就觉得醍醐灌顶。

临近年末，为期两年的北大读书生涯接近尾声，我的必修课和选修课积分均已完成，只剩下最后一场毕业论文答辩。按照学院的规定，毕业论文导师需要自己去和中意的老师确认，得到老师同意方可进入论文撰写阶段。

陈老师是一个很严谨的人，对待工作一丝不苟，追求完美。来北大国发院读书一大部分就是受到她的影响。因此，在课间休息的空当，我就找到陈老师，真诚地向她表达了我的意愿，希望她能够辅导我的毕业论文。

陈老师很爽快地答应了。这是让我最为激动的一件事。

同学们虽然都很崇拜陈老师，但在毕业论文导师的选择上，大家都有压力。因为大家都太清楚陈老师治学严谨，工作又极为忙碌，同学们大多向往而又有些许担心。

2021年12月1日，我终于鼓足勇气给陈老师发了一封正式拜师信，希望陈老师能够做我的导师。拜师信内容如下。

尊敬的陈老师，您好！

在北大只有上课时才能见到您，即便是合影也要见缝插针。

好在，十月下旬的三天大课，总算得以好好目睹一次老师的风采。知道您很忙，虽然不能经常见到您，但是我们每天可以通过"春暖花开"微信公众号，读每日花语，看会议直播，买老师新书，时刻关注老师，向老师学习。

时至冬月，学分修满，已经进入导师确认和撰写论文阶段。众所周知，您治学严谨，专业水准极高。我自身基础较差，惶恐不安，很怕老师嫌弃！思来想去，为了成为您的学生，为了自己的成长，我鼓足很大勇气，向老师正式报到，请您给予悉心指导，学生感激不尽！

陈老师的回复：完全没有问题！

由于新冠疫情的原因，春节后我一直没有前往北京。

我和陈老师的联系，也仅仅是通过邮件。在毕业论文撰写和修改的这段日子里，陈老师给予我高屋建瓴的指导。每次改完发给陈老师，她总是以最快的时间给我回复。每次的修改，她也总能站在论文的全局逻辑给我指点。

如此反复了 5 次之多，我的毕业论文最终得以完成。

陈老师，在我的心中，她始终是一个美丽而温暖的存在。正如她的"春暖花开"微信公众号，一直停留在阳春三月，每次翻开都是一个感觉：春常在，花常开。

31

资本战略

2021年10月22日,是刘晓丹老师的"企业资本市场战略"课。

开课前,我对晓丹老师也做了一些了解,百度搜索:并购女王刘晓丹。我同时也找到了一句至理名言:行业整合者更喜欢过冬天。

由此我认为,晓丹老师在资本市场的冬天里一枝独秀。并购注定是少数人与人性抗争的游戏,赢家从来都不可能是多数人。

瘦瘦的,戴个眼镜,讲话的速度很快,也很幽默,有着丰富的实战经验,这是晓丹老师在课堂上留给我们最深刻的印象。

为什么要离开华泰联合证券?这是很多业内人士心中的一个疑问。

晓丹教师在告别信里曾谈过这个问题,她表示想去圆自己长久以来一个创业的梦想,而对市场未来趋势的判断,则更加剧了这种冲动。后一句,或许更为关键——她嗅到了"时机"。

在离开华泰联合证券后,晓丹老师于2019年创立了晨壹投资,管理规模逾100亿元人民币。晨壹投资聚焦医疗与健康、消费与服务、科技与制造三大领域,特别专注于成长期和后期并购整合相关投资机会。

晨壹投资核心成员经验丰富,很多都是来自国际、本土的一流投资银行或境内外知名PE(私募股权投资)、VC(风险投资)等投资机构,均拥有10年以上的境内外、多币种、多产品线的投行、投资业务经历。

秉持着"研究发现价值、交易创造机会"的投资理念，晨壹投资基于对产业的深度研判和对资本市场的深刻理解，主要聚焦于结构变革及创新成长的产业，长期陪伴并助力有成长潜力的企业，为投资人和社会持续创造价值。

晓丹老师曾提到，技术革命让产业的成长曲线变短，边界变得模糊，企业迭代随之加快，新兴行业的创业者和传统企业的变革者相向而行，彼此融合将创造出很多"新物种"。

在全新的竞争格局中，变道和弯道加速者随时可见，看不见的对手则更具有颠覆性。然而，对由一流的投资银行家团队组成的晨壹投资来说，这一切皆不是难事。

基于多年积累的投行操盘能力，晨壹投资团队擅长撮合和把控复杂的交易，可以灵活跨越一、二级市场。在境内外市场，晨壹投资曾投资了药明康德、迈瑞医疗和虹软科技等不少知名项目。

晓丹老师曾在湖畔大学的一次演讲中表示：行业整合者更喜欢过冬天。"我一直觉得，并购是一个非常残酷的游戏，不是所有人都能玩儿，只有非常强悍的人才玩儿得起，这是少数赢家的游戏。"

在国际上，并购是私募投资的一种惯用手段，由于并购活动涉及很多知识面，因此被称为"财力与智力的高级结合"。同时，并购又是一项高收益与高风险伴生的业务，在完成并购之后，还要关注接下来的融资、债务、经营、法律、信息、违约、反收购等。与此伴随的各种风险，每一项都在考验着企业决策者。

经过两天的课堂学习和互动，晓丹老师通过对理论与她自身所经历的一些实战案例的讲解，同学们都被她丰富的实战经验和风趣幽默的演讲所深深折服。

"企业资本市场战略"课，于我而言是一个比较陌生的领域。由于前期在500强企业工作分工较细，投资并购都是董事会的事情，所以我们管理层参与的并不多。

本次课程对我本人来讲，是一次很好的扫盲机会。按照课后作业要求，课后我对教材进行了复盘，并再次拜读了晓丹老师的文章和演讲。

对北大国发院的同学来说，我想，这对任何人都是绕不过去的一课。基于此，我也计划更深一步地去了解和研究关于企业资本市场战略管理的相关知识和案例。

32

巨变时代的组织管理

2021年10月24日至26日，是陈春花老师的"组织管理学"课程。在这三天里，陈老师为我们主讲"巨变时代的组织管理"。

陈老师上课，几乎无人缺席，而且同学们听课还都特别认真。我也总是早早地坐在前排，期待老师的精彩讲授。除专业知识外，陈老师在课堂上还会讲一些诸如演讲的技巧等内容，使每节课都能保持着一种风趣和谐的氛围，给同学们一种很愉悦的感觉。

关于"组织管理学"，陈老师与我们分享了一些经典名句。我想，对业内人士来说，这应该是很有用的，所以，在这里也与各位读者共勉。

当管理大于经营时，企业离亏损不远了。管理不会直接产生效益，而是效率！

一个企业很关键的是让所有人有激情而不是激动，保险公司最成功之处就是激发员工的激情。

应对变化记住三件事：市场、员工、顾客。

产品的质量是由顾客来评定的，而不是由专家来评定的。

战略最重要的有两点：一个是培育核心能力，另一个是资源整合。

产品对企业而言，第一是使用功能，第二才是附加功能（如品牌）。

年轻员工关注两个词：机会、待遇；对有能力的人要搭平台，有能力的人是否能干，取决于老板搭平台的能力。

对一个企业的管理者来说，陈老师谈到了几个关键的要素，顾客、员工、产品，以及他们之间的关系。

管理是不会有效益产生的，管理一定是花钱的，管理只会产生效率并得到最恒定的质量，所有的管理必须靠恒定的质量，恒定的质量来源于最基本员工的稳定性。所以，当大家在做管理创新的时候，一定要想一想是不是伤了你的员工？

对产品，陈老师的观点是，不需要最好的，只需要稳定的。如果不能保持产品的一贯性，那就是对产品最大的伤害。

而产品的质量是由顾客的需求来评定的，它绝不是由企业本身的质量标准来衡量的。满足顾客需求的产品，就是质量最好的产品。

企业一定要记住，产品的最大作用是和顾客有一个直接的沟通作用。

对陈老师的观点我总结为：我唯一和顾客说话的机会就是我的产品。你最重要的是你的产品，不能把你的服务看得重过你的产品。

产品都是员工制造的，企业也都是由人组成的。归根结底，管理最终还是要回到人。如何管理好员工？企业高管应该比一般员工"高"在哪呢？

在管理中，最能影响人的是思想，最能毁掉人的是金钱。作为一个企业的高管，首先要思想境界高。

智商是智慧的基础，智慧是智商的升华，智商高的人不一定智慧高。所以，高管的管理智慧一定要高。当然情商也很重要，甚至比智商还重要。有些智商不能直接解决的问题，情商则可以"曲线救国"。

学会忍受、学会宽容、学会道德、学会坦然。这是作为企业高管必备的职业素养。你的心中能容纳多少人，你就能管理好多少人。所以，企业高管最高层次的"高"是职业素养高。

三天的课程结束了，最后一天晚上考试，三个小时时间，四道论述大题。我坐在第一排第一个座位，从开始到最后一刻交卷，我始终保持着最认真的状态，工整地写完每一道题。

后来，我查看得分，果然是一个大大的A——这是我给陈老师的一份答卷，更是给自己的一个答卷。

33

战略管理

在结束了三天的"组织管理学"课程后,我们将在马浩老师的课堂上,开启为期四天的"战略管理"。

马浩老师现为北京大学国家发展研究院管理学教授,兼北大国发院商学院学术委员会主任。曾赴美留学并获得战略管理博士学位,在北美及欧洲的英文管理学期刊,发表近20篇论文,并数次获得美国东部管理学会和美国竞争力学会的"最佳论文奖"。其主要研究领域为企业的经营战略管理,尤其是竞争优势的实质和起因,竞争动态分析,多点市场竞争与合作战略,商业模式与企业创新管理,以及企业领导决策模式等。

在扎实的理论功底背后,马浩老师还有着超级丰富的实战经验。中粮集团、招商局集团、万科集团、腾讯集团、中信银行、民生银行等,都是其在近期管理咨询和高级经理培训的客户。

在平时的教学中,马浩老师谋求理论分析的严谨、明晰和精准,特别是理论与管理实践的共鸣与契合。他的这一教学信条赢得很多同学的赞赏,他不仅在治学精神上是我们的榜样,在学术成果和实战经验上更是令我们可望而不可及。

哈佛很多专业的学生在走出校园后普遍被雇主看好,但各有分工,没

人能从全局看待企业管理的能力。于是，战略管理这一学科在逐步地探索和实践中走向整合。

战略管理在走向整合的同时，个别企业持续盈利的情况开始引起人们的注意。业界普遍认为，这是战略的变化导致了结果的变化。于是，关于经营战略的不同思考逐步开始出现。

战略刚开始看重的是对不同职能领域的整合，这一看法在20世纪中叶达到发展顶峰。之后，战略管理的侧重点发生转向，开始关注企业内部运作和外部环境分析的配合，即SWOT分析法（态势分析法）。

20世纪70年代，战略管理被正式命名。

核心竞争力、竞争优势等逐渐成为公众耳熟能详的战略管理词汇。后来，随着对一个知名企业的成功与失败进行研究，战略管理进入动态竞争力的研究。

马浩老师以松下幸之助和娃哈哈的例子，为我们详细解读了战略规划的特点。

　　马浩老师说，显然两家公司都是成功的。因此，战略规划没有一定之规，战略是在高度复杂不确定的情况下做出的。不是所有的战略都有充足的时间和机会以供做全面分析，所以，很多时候，一个成功的战略决策在于有效的判断而不只是前期的准备。

　　谈到企业竞争力的核心，马浩老师总结了三个模式，即基于资源、机会、愿景的三种主导思维模式，并以请客做菜为例，生动形象地予以解读。

　　能够根据现有食材做出最好的菜，那是基于资源的决策。

　　市场上有供给的食材并能轻松获取，在此基础上用自己的厨艺做出菜来，即为基于机会的战略制定。

　　基于愿景的战略制定，则是事先有很多经验和好的计划、设计，在机会适当、材料齐全的情况下，运用精湛的技艺做出集大成的菜色。

　　当然，也要认识到这三方面通常是相互配合而不是割裂的，这是把握战略制定精髓的关键。

　　所以，在企业管理中，战略永远大于经营，经营永远大于管理，战略的失误是经营管理无法弥补的。

34

经营方略

在上课之前，我一般先了解老师，然后再预习教材。2021年11月13日至14日是宋志平老师的"经营方略"课，我提前几天在网上拜读了关于宋老师几万字的企业经营管理之道。

宋老师做企业40年，分别将中国建材和国药集团双双送入世界500强。在这个过程中，他进行了大量的企业实践，总结出了很多关于企业经营的方法。在管理界，宋老师是屈指可数的人才。

不仅如此，他还曾先后推动8家央企重组、混改近千家民企，创造性地提出"央企的实力+民企的活力=企业的竞争力"的公式，被公认为我国混合所有制改革的先行者，曾获"国家级企业管理现代化创新成果"一等奖、第六届"管理科学奖"等。

"央企市营""整合优化""八大工法""六星企业""三精管理""格子化管控"等，这些成功的实践，一度被企业界推崇为"宋志平模式"。

关于宋老师这些成功的实践，这要从一段技术员的职业生涯说起。18岁时，宋志平老师在农村公社里做技术员，那个时候，他学会了两招：一招是剪枝，另一招是杂交。

后来，他在企业的经营管理中用到了这两招。用他的话说，企业不停地成长，就要不停地剪枝，要减层级、减机构、减冗员。是啊，多余的脂肪都要减下去，瘦下来的感觉很好，跑起步来也更快。杂交当然就是国企和民企之间的混合所有制了。

万物的原理是一样的，思维灵活的人，在哪里都可以把它用活。

企业里最重要的是组织，企业归根结底是人的组织，我们不能只看到厂房、设备、机器，只看到先进产品，最重要的是要看到企业中活生生的人。我非常赞同宋老师的这个观点。

人是根本，人是主题。企业是一个有思想、有情感的经济组织。如何让组织产生效益？如何让组织精健？如何让组织长盛不衰？这是任何一个企业所面临的首要问题。

企业的逻辑是成长的逻辑，当一个企业慢慢做大了就会产生不同的层级。在一个组织不同的层面上，可能会有不同职能的选择。

集团层面需要决策高手，业务平台层面需要市场能手，工厂层面需要成本杀手。这个时候，企业一定要很清晰地说清楚，到底投资谁管，利润市场谁管，成本谁控制。只有这样分清楚，企业内部不至于打乱仗。企业乱，乱在行权乱、投资乱。只要把行权、投资管住，企业就不会有大乱。

宋老师的这一套管理思路，可谓是放之四海而皆准。另外，宋老师还特别强调企业一定要有核心业务。

企业的核心专长是什么？核心市场在哪儿？核心客户是谁？这些问题，作为企业负责人，你必须很清楚，明白自己是干什么的，自己的一亩三分地在哪儿。

现在很多行业都有过剩。过剩怎么办？有人说要转行。一个行业彻底垮掉了，那就不得不转行。但是，如果这个行业只是过剩，行业本身还有很大的体量，还有一部分市场空间，那该怎么做呢？

宋老师的答案是，转型不转行。毕竟转行需要从零起步，那样代价太大了。在充分竞争的市场中，在经济下行的压力下，我们该用什么方式获得效益呢？

市场细分既要有地理区域的细分，也要有品牌定位的细分，还要有产品品种的细分。

宋老师在市场细分方面举了很多案例，像玻璃行业里有建筑玻璃、汽车玻璃、光伏玻璃、电子玻璃、光学玻璃等。

福耀玻璃是做什么的？它只做汽车玻璃，在全球市场占有率超30%，中国市场占有率超60%，是细分领域的头部企业。

今天千亿级市值的上市公司多是细分领域的头部企业。转型不转行是在一个行业里用科技进步、结构调整等赢得竞争优势，然后创造出超额的利润。

像水泥行业过剩照样能有效益，海螺水泥、中国建材的水泥业务每年也能有几百亿元的利润，既没有垄断，行业又过剩，还能赚到钱，这是我

们企业要研究的。

过去我们企业的毛病是什么？恶性低价竞争，损害整个行业的利益。其实，竞争有良性竞争，也有恶性竞争，良性竞争是好东西，恶性竞争是坏东西，不要一说竞争就否定。

良性竞争促进行业的发展，而恶性竞争会毁掉整个行业。企业要思考如何合理地定价，如何从量本利到价本利，如何从竞争走向竞合。

在创新发展的过程中，集团会有一个个平台。这些平台，要专业不要多元。打乒乓球的不要去踢足球，踢足球的不要去打篮球。是啊，如果大家都能很专业地去做好自己最擅长的事，何愁企业不兴呢？

35

北大的体育精神

商学院的学员去戈壁有三个好处:一是挑战自己体能和意志的极限;二是大家平时都是高管,要体验一下"被管理"的能力;三是找到自己心中的"玄奘"。

这是在北大国发院的课堂上,陈春花老师总结出来的戈壁挑战赛的意义。

2021年10月31日,北京大学国家发展研究院E20的同学们在承泽园地下一层报告厅进行了"E20戈17募捐拍卖会"的公益拍卖活动。

戈壁挑战赛在一年又一年地进行着,公益拍卖活动也在一次又一次地进行着。戈壁挑战赛缘起2006年,迄今为止,已成功举办了16届,参与院校达45所,参赛人数达到4000人。挑战赛的起点是阿育王寺。中间途经山地、戈壁、盐碱地、浮土路面、河道等复杂路段。

本次募捐由第二届班委组织,瞿娜是班长,也是主持人。袁海杰、黎佳林等12个班委齐上阵。募捐以拍卖的形式进行,班级同学贡献藏品,再由班里同学拍走。

这次拍卖会我开了一次玩笑,从老家带了一坛定制酒2.5升(1升=0.001立方米),由于前几日同学聚会忍不住打开喝了一半,拍卖会上又不好意思讲实情，我就自己掏一万元给拍回来了。

同学们都很好奇，为啥自己贡献藏品又自己拍回来？

其实，这就是为了诚信，我不能欺骗别人拍下这一瓶自己喝了一半的酒。当然最重要的还是为了支持戈17赛事。

我们希望举办一场有意义的戈壁赛事。这是一场一个都不能少的敬畏之旅，也是一场一个都不能少的朝圣之旅，更是一场一个都不能少的奉献之旅。

如果说入学的戈壁之旅是激情的序曲，那么这场旅行将是我们北大国发院所有人一起的远行，一群希望之灯永不熄灭的奋斗者的旅程。

经统计，本次拍卖成交款项共计人民币555632元，并讨论决定授予拍卖款项超过一万元及拍卖品价格超过一万元的同学"荣誉主席"的称号，同时授予岳建军同学"首席荣誉主席"称号。在同学们的共同努力下，本次活动取得圆满成功。

E20是一个团队，一个组织，一个不甘寂寞、人生路上无畏前行的队伍。我们将在这趟旅程中，洗涤心灵、锤炼精神，种下我们E20的希望之林。

完善人格，首在体育，北京大学国家发展研究院E20的同学们在紧张的学习和论文准备的过程中从来都没有忽视体育锻炼。

北大国发院的"体育志士"们，有的成为"戈壁勇士"，通过坚持"戈壁"训练成就自己，有的成为"绿茵战士"，在五四操场上追求自己，还有E20篮球队的"篮球斗士"们，在团队比赛中点亮自己。

E20篮球队在尝试了两次同北大国发院俱乐部的比赛后，经过多次商议讨论，也确定了一个小目标：希望成为北大国发院历史上第一支三次挑战北大国发院俱乐部的班级球队。

为了实现这个目标，E20篮球队每周六都会在承泽园篮球馆开展定期训练。2021年11月20日是一个周六，这一天，我们特地邀约新一届的

E21 同学们展开了一场训练赛。

双方秉着"友谊第一，比赛第二"的体育精神，用真诚和热情传递着友谊，在篮球比赛中建立了深厚的友情和同窗情。

赛后，双方合影留念。激情与篮球同在，青春也与篮球同在。篮球拿起，我们展示的是 E20 对团队荣誉的无限努力。篮球抛出，我们投出的是 E20 对同窗友情的真诚期待。篮球落地，我们交出的是 E20 对体育追求的无憾答卷。友谊、球技、团队凝聚力全在这一场场篮球训练赛里。

藏品、爱心、责任，除了戈壁滩上，还在一场场公益拍卖活动的现场和一件件包含我们心意的藏品里。

36

必修课商务英语

对大型企业和涉外企业来说,"商务英语"是必修课。在双汇工作时,我也经常和外国人打交道,而很多时候,则需要借助翻译才能完成商务和技术交流。

英语是我最头疼的一门课,也是我最期盼的一门课。因为,我想当面向老师讨教学好英语的诀窍。无奈,因为新冠疫情,2021年12月16日这天开启的"商务英语",我只能选择在线上听课。

我们的英语老师刘旭杰是北大国发院助理院长。刘老师是一个非常认真的人,整个课程设计逻辑性和连贯性都很强,而且还在课堂上不停地提问和互动。

本次"商务英语"总共4天的课程,我是稀里糊涂地听过了。因为基础太差,20多年没有拿过英语课本,实在是难以消化。

课上老师要求每位同学必须做一个英文的自我介绍。我先写中文,然后再翻译成英语,练了一个下午才算死记硬背下来。

既然好不容易背会了,那么在这里就再给读者朋友们背一次吧。

E20 Lei Yonghui introduces himself
E20 雷永辉自我介绍

National School of Development
北京大学国家发展研究院

My name is Lei Yonghui.

我叫雷永辉。

I'm from Henan Province.

我来自河南。

I have worked in Shuanghui Group for 18 years and have been general manager of agriculture and livestock for 8 years, responsible for raising pigs and chickens.

我在双汇集团工作了18年，担任8年农牧事业部总经理，负责养猪和养鸡。

Now have left Shuanghui to start my own business.

现在我离开了双汇，开始自己创业。

The new job is to help agribusiness improve their management level.

新的工作是帮助农业企业提升管理水平。

My hobby is reading books.

我的爱好是看书。

I love studying historical figures.

我喜欢研究历史人物。

Today, I will tell you an idiom story about Zengzi: "Zengzi kills the pig".

今天，我给大家讲一个关于曾子的成语故事："曾子杀猪"。

Zeng Zi is a student of Confucius and he is a great thinker.

曾子是孔子的学生，是一位大思想家。

In order to educate his son to be honest, Zengzi killed his pig for his son because of a lie from his wife.

曾子为了教育儿子讲诚信，因为妻子的一句谎话，把猪杀了给孩子吃肉。

Please watch a video.

请大家看一段视频。

Students, we must be honest !

同学们，一定要讲诚信呀！

Thank you, teacher !

谢谢老师！

"商务英语"考试让我很担心，考试那天我是在线上完成的，好在考试的内容相对简单，勉强在规定的时间内做完。

英语，我认为考试并不重要，如何学好更重要。

回想中学时代，我曾经考过全年级第一名的好成绩。在那个心智不成熟的年龄，每天满脑子想些不切合实际的梦想，干些不着边际的事情，学习成绩一落千丈，由最好的学生颓废为后排无人问津的差等生，懊悔啊！

后来到双汇工作，因为工作繁忙，也就没空学习英语了，直到现在英语水平依然是不上不下的。这次的"商务英语"课给了我很大压力，也给了我很大动力。

哎，如果自己能把英语学好，在用到时直接和外国人沟通，这该是多么的高效和开心啊。在未来很多的场合，我们仍然需要用到英语，所以接下来继续努力学习吧。

37

联想全球总部

"人类失去联想，世界将会怎样？"这句话曾深深触动了无数国人。作为中国最早的知名科技企业，联想曾多次荣登《财富》世界500强。

随着当下世界竞争格局的变化，全球新冠疫情肆虐，经济形势呈现出大的颠簸，科技突破再次被寄予厚望，高新科技企业的创造和发展备受关注。

带着尊重和向往，2021年12月17日下午，由北京大学国家发展研究院E20级EMBA班委组织同学一行20人，开启了对联想近距离的参观学习。

联想全球总部坐落在北京海淀区西北旺东路，也是北京三大科技企业群聚集区之一，由南到北依次是腾讯总部、新浪总部、百度科技园和联想总部，而此时的联想总部无疑是四家中最大、最壮观的。

从联想东区进入，我们先后参观了联想未来中心、联想可靠性实验室，并与联想集团蓝军战略总经理牟震，以及联想CVC创投与企业生态建设、联想SMB成长赋能计划等相关体系的中高层管理人员进行了交流。

参观结束后，我最直接的感受是，联想早已不是我们过去认知中的模样。联想一直在改变，但又似乎一直都没有变。

联想的改变是我们外界很少能看到的。提到联想，大家就想到他的看家业务——PC电脑，在收购IBM PC业务后，联想就成了全球PC的老大，这项收购尽管存在争议，但毕竟支持着联想近80%的收入。

网上公开的数据显示，2021年，联想实现营收约607亿美元。

联想收购IBM PC后，又收购了摩托罗拉移动智能手机业务，但仍然没能实现市场的绝佳超越。

今天看来，联想未来的战略或许已经不只是在PC或者智能手机、平板电脑等传统业务了。联想生态还包含了智慧城市、智慧家居、智慧办公、智慧医疗、智慧出行、智慧教育等，这些领域应该早已是其萌动的方向。

其实，联想也在很早以前就做了脱胎换骨的智能化转型尝试，现在已是集研发、生产、供应、销售及服务的全价值链智能化服务平台。

之前，联想一直坚持"贸工技"路线，也就是以贸易销售为前端，研发为后端。现在重新重视研发，也说明了联想早已意识到原有发展模型的不合时宜。毕竟，跟随者和领导者之间存在天壤之别。

在自由交流的时候，我们了解到，联想也在持续研发和推出PC电脑、智能手机以外新的产品，我们很是期待，并建议在产品个性化的时代，更多考虑消费者对品牌力和产品力更独特的诉求，打造新的品类和单线领域品牌。

在联想实验室里，我们看到了很多前沿创新的产品，有的已经量产入市，可是我们在市场却不容易看到，究竟是我们忽视了联想，还是联想忽视了我们？

2022年新年开工第一天，联想发布视频《智慧山河》，讲述中国大地上不同地域的故事，从私塾到智慧课堂，从传统农耕到智慧农业，从传统造纸术到现代智能制造，从海上灯塔到智慧城市，用故事贯穿联想智慧服务社会经济的多个领域，描摹出"联想智慧中国"的巨大成就和宏大愿景。

对联想而言，这是一次诚恳且自信的亮相，希望通过视频让大家感受到联想一路走来，对"科技创新，实干兴邦"追求的坚持，对"构建智慧中国"初心的坚守。

作为深扎中国几十年的科技企业，联想一直坚持走实业兴邦和科技创新的道路。作为全球少有的"端—边—云—网—智"新IT全要素齐备的企业，联想在推进供应链交付智能化、工厂智能化和物流智能化的同时，还利用长期积累的5G、大数据、工业互联网和人工智能等技术优势，以及全球化的供应链管理和智能化服务能力，发挥数字化转型企业的"灯塔"效应，赋能实体经济转型升级。在过去几年里，联想携手50多个行业，合力打造数千个行业解决方案。

毋庸置疑，数字经济已进入黄金时代，并成为社会经济发展的"新引擎"。当前，数字中国建设的共识已经凝聚，智慧社会的蓝图徐徐展开，新型智慧城市、智慧社会、数字经济与实体经济的融合正向纵深方向发展。

助力实体经济，不只是机遇，更多的是责任和担当。在助力解决千行百业痛点和问题的同时，联想也从中了解到该如何从全局思考、探索解决社会问题。

联想将不断借助科技创新，助力解决社会共同关注的问题，回馈时代和机遇，让科技智慧惠及更多人，造福神州大地的每一个角落。

在"新IT"产业生态重塑的过程中，联想将继续发挥重要作用，助力更多企业推进新时代下的数字化转型，成为实体经济高质量发展的驱动器。

未来，我们希望，联想还是那个坚守初心的联想，在取得业绩的同时也不失去其价值。

38

第六届国家发展论坛

2021年12月19日，第六届国家发展论坛在北大国发院承泽园院区隆重举办。本次论坛以"世界大变局下的国家发展"为主题，由中石油国家高端智库联合主办。此次，还特别邀请到了"诺贝尔经济学奖"获得者两位嘉宾。

论坛由开幕式、特邀演讲与对话、专题论坛、闭幕演讲与对话等环节组成。下午，同步进行管理、全球合作与南南发展、数字中国、中美能源四场分论坛。

在新冠疫情余波未平、国际变局与技术变量不断叠加的商业新生态下，我们该如何在世界大变局下制定企业战略？管理的未来又将去向何方？

面对这些问题，北大国发院、南南学院、全球健康发展研究院、新结构经济学研究院等北大学者团队，以及政、商、学界前沿人士，借此时机共同研讨影响国家的重大挑战，以远见与智慧来助力国家发展、推动世界融合。

由于参加本次论坛的大多是企业家，所以新一年的经营环境成了大家共同关注的焦点。因此，也迫切需要一些专业人士来为此传道解惑，为企业发展指明方向。

在本次论坛的管理分论坛上，一些专家、学者、教授为大家分享了2022年的经营环境，以及企业针对专家所预测的经营环境该做出怎样的经营选择。我对这一点感触颇深，同时也受其影响最大。

有些学者认为，我们沉浸在一个数据、信息涌动的社会环境之中，所有事物皆因此而发生着性质、表征上的变异，各种认知和观点在广泛传播中衍变与冲撞。有些变化给我们的发展带来了益处，但同时也带来了很多困惑。

数字革命使原有模式快速淘汰、落后，让人的生存体味着完全不同的压力。短期利益与长期价值的平衡，以及商业企业与社会企业、商业产品与公共产品的边界融合，还有数据治理、个人信息与隐私保护带来的新问题等，伴随着企业所拥有的规模与技术的储备，企业该如何履行自己的使命？

这些冲击、挑战、问题、压力等交织在一起的混沌，把我们带入一个复杂的世界之中。技术更是带来挑战的关键因素，它渗透到人们生活的各个领域，一部分甚至是带来毁灭性的冲击；人工智能的出现，更让人有些胆怯，不知道未来人会处于何种境况中？如何才能寻找到在未来世界中人的价值与意义？

在这样一个瞬息万变的社会环境中，针对企业所面临的问题，专家提出了新的疑问，但同时也提出了自己的见解和建议。

我们需要突破自我认知局限，去驾驭未知与变化。

我们需要拥有韧性成长的力量，实现穿越周期的增长。

我们需要进化出克服不确定性的能力，并从不确定性中获益。

我们需要通过深度学习快速迭代自我，寻找与变化共处的解决之道。

目前，新冠疫情是我们面临的最大困惑。但根据专家们的判断，对接种疫苗的人们来说，其拥有了一定的抵抗力，但是对还未接种疫苗的人们来说，仍将构成威胁。由于全球不同地区接种疫苗的程度不同，这也意味着我们需要在一种新的形式下生活与工作。

这也决定了人们需要新的生活方式、新的经济范式、新的发展模式，以及新的增长方式。专家提醒企业家，如果企业依然还是沿用原来的发展模式，一定会陷入困顿。

就当前的国际形势来看，新格局演变与生成，全球抗击新冠疫情，气候危机带来的紧迫感，多边主义受到冲击，保护主义、单边主义抬头，不确定性加剧等，这些都将成为干扰经济发展与世界格局的因素。

中美之间的竞争，在贸易、技术监管、关键技术、空间站、教育与学术交流等各个领域展开，这也带来了前所未有的挑战。

新一轮科技革命与产业变革加速，科技创新呈现新的发展态势与特征，全球创新版图正在加速重构，更加剧了技术转移与产业重组的速度，带来了全球产业格局与发展格局的变化。

在"双循环"下的市场布局与经济发展新变化中，如何确立战略着力点，获得发展空间与先机，同样是一个巨大的挑战。

从全球的视角去看，我们需要从已经习惯的发达国家之间构建的世界格局中转化出来，去认知发达国家之间、科技巨头公司及三方所构建的新世界格局。

从行业的视角去看，数字技术带来的"联动效用"，重构了产业上下游的关系，不同领域与不同行业的跨界融合，以及数据与客户连通的全新价值空间，这些也导致产业格局处在重构与重塑之中。

当数字技术成为生活方式之后，人们越来越感受到数字巨头企业所拥有的巨大影响力，无论是客户、投资者、员工还是政府部门，都开始关注企业是否具有使命，是否心怀社会，而不是仅仅追求商业利益。对一家公司的评估系统，也从原来关注业务发展能力、持续为客户创新产品的能力及为股东提供最好回报率的标准，增加了三个方面的责任，即对世界的贡献，帮助改善每一个人的生活，以及长期发展。

现在，每个企业也非常明确地认识到，自己无法独立存在并以自身存在为目的，每个企业都是社会的一部分，必须为社会而存在。使命对经济收益的达成已经得到充分证明，使命可以帮助企业构建有生命力的品牌，激活并吸引顶尖人才，保持持续发展的能力。

对现代企业而言，转型变革永远在路上。

在不断变化的环境里，企业需要在稳定性、灵活性和复杂性之间取得平衡，因此，企业必须自我改革。一方面，企业需要引领变化，构建企业或者行业的新价值；另一方面，企业需要持续创造价值，让企业自身具备动态变化的能力。对今天的企业而言，这些必须成为一种习惯，唯有如此方可拥有主导市场的力量。

此外，认知企业与外部世界关系在今天比以往任何一个时期都重要。技术深刻改变着人们的生活，也在深刻改变着人与自然的关系，企业需要让自身的使命传递到产品与服务中，让企业成员从使命出发，确定每项任务如何让世界更加美好。如何更好地帮助顾客？如何推动社区健康发展？当以人为中心、利他共生、科技向善内嵌在企业使命之中时，商业所释放的价值一定会在社会价值创造中熠熠生辉。

在接下来的企业发展中，无论是数字化转型，还是技术创新价值，或是未知世界的探索，把创新融合在企业文化中，形成内部的敏捷协同效率，以创造力实现内生的韧性成长，既是方法论，也是战略选择。

我们周围所发生的一切，皆让我们充分意识到世界正处于创新云涌的时期，多角度地学习让我们得以发现令人惊喜的新世界，虽然充满挑战与不确定性，但是却孕育着更大的可能性。

学习作为一种责任，帮助我们从不同的视角看待世界，理解那些与我们不同的观点和尚未理解的知识，并能够接纳与灵活运用这些来解决问题，用知识的光辉驱散无知，用学习的力量探索未知，并以此获得持续成长的基础和动力。也因为学习，让我们感受到在这个未知的新世界里面，依然蕴含着人类内在的精神力量，认知自我，不断探索，跟随智慧，从心向善。

39

天安门升旗仪式

在北京上学，参观天安门升旗仪式是必不可少的一课。

当看着鲜艳的五星红旗从天安门广场升起，我想，在每个国人的心中都会升腾起一种无言的自豪感和使命感。

借用一位国旗手的话说，那升起的不仅仅是一面飘扬的旗帜，而是一个国家的荣誉。

2021年12月23日，新班委组织去北京天安门观看升国旗。这是一次非常有意义的活动，非常遗憾的是，我因有急事未能参加故在这里补下一笔。

北京的冬天很冷，同学们一个个裹着厚厚的羽绒服，带着暖暖的帽子，头顶上都结了霜。为了纪念这一有意义的活动，大家早上六点就赶到了天安门广场。

赵中平、易涛、张剑青、袁海杰、周芳、陈臻、张冉静、陈涛、严长春、吕金荣、许春晖、陈素英、宋立言、鲍光勇、姬美伊、刘廷超，他们亲眼看见了自己期待的一幕幕，很羡慕这些同学。

上午七点半，国旗班迈着整齐的步伐从天安门城楼走出，一路高喊口号，按照路线整齐划一地来到纪念碑前的国旗杆下，开始升起那一面象征着一个国家的旗帜。

同学们簇拥在一起，目光也跟着国旗一点点上升，一起仰望这面红艳艳的五星红旗，缅怀那些为中国成立而牺牲的烈士们，心中瞬间升腾起一股凌云壮志和爱国情怀。

举头望国旗，低头思自己。想想我们今天的幸福生活，也想想无数革命先烈。前人种树，后人乘凉。我在树下乘着凉，也该思量着怎样种下一棵树。

升旗仪式结束后，同学们来到了毛主席纪念堂，纪念堂位于天安门广场，人民英雄纪念碑南面，坐落在原中华门旧址。

一代又一代的国人，从此处走进又走出，有的怀着感恩，有的怀着敬仰，有的目光穿越时光把一代伟人的丰功伟绩在心中畅想。

来时的格局，去时的模样，想想，再想一想。心中装下一个中国，才能带领一国人民走向繁荣富强。这该是何等的胸怀与胸襟！

同学们一个个感慨万千。下午，带着那万千感慨，在李然老师、韩老师的带领下，继续参观"文艺高地"荣宝斋。

荣宝斋坐落在北京市和平门外琉璃厂西街，这是一座古色古香、雕梁画栋的高大仿古建筑。几十年来，随着国家政治、经济形势的变化，荣宝斋几经变迁，经历了兴发昌盛，也遭遇了困难厄运。

但无论在什么样的环境下，荣宝斋都坚持以弘扬民族文化为宗旨，竭诚为书画家服务，为顾客服务，童叟无欺，成为一个繁荣中国传统书画的艺苑，一个中国传统文化艺术面向世界的窗口。

走出荣宝斋，同学们来到三元桥的北京宴聚会。对餐饮界的同学来说，这也是一次参观兼学习的机会。

北京宴设计风格为简欧设计风格，经典中揉入现代元素，奢华中透着贵气，整体凸显出"豪华、贵气、品位、特色"四大特点。在硬件设施和服务上，北京宴均超越五星级酒店标准。

北京宴在全国乃至世界各地广泛选取特色食材，融合各大菜系的手法和工艺，进行科学、营养、艺术搭配，使菜品在传统的"色、香、味、形"的基础上进行升华。其借鉴的不仅仅是原料、调料、装盘、盘饰、造型、口味上的融合，还是更深层次理念上的融合，基于制作者深厚的功底与广博的知识，以及对传统饮食文化的传承与理解，融合了先进管理经验、烹调技艺与观念、服务标准、经营理念等，创造出独具北京宴特色的融合菜品。

那天，有的同学还特地带上了孩子和节目。那晚，班委还特别安排了E20一周年大蛋糕。

那夜，去的同学回味无穷，没去的望眼欲穿。

40

虎年的春节

农历腊月十八，大寒。天气预报报道全国大范围将迎来一场雨雪，漯河整个天空雾蒙蒙的。

尽管雨雪天气会给人们的出行带来很多不便，但考虑到庄稼的需要，作为一位农牧领域的职业经理人，我还是很希望能够来一场铺天盖地的大雪。

在北大读书这两年，给我带来了无法想象的开心和快乐，除了能够聆听大师们对商业理论的独到见解之外，更重要的是同学们上课都很努力地在学习，下课后生龙活虎地开展各项活动找回青春。

2022年1月21日，清晨起床，拉开窗帘，看到屋顶、车顶、路面一层雪白，雪花飕飕地下。好一个洁白的世界！这是入冬以来最大的一场雪，大家渴望已久，望眼欲穿。

这么美的雪景，怎能不出去欣赏一番呢！吃过早饭，我和爱人带着两个孩子驱车来到沙河堤看雪。此时的雪虽然下得紧密，但雪花并不大。

我们一边踏着薄雪前行，一边欣赏着一处处的雪景，孩子们一路嘻嘻闹闹。翻过小河堤，来到河滩，这里的雪更加平整洁白，没有行人的痕迹，原始的样子甚是好看。

我提议沿河堤方向一路往北，那里有不少梅花迎风怒放。我们来到一片盛开的梅花旁，雪中的梅花果然不同凡响。以前欣赏梅花都是在诗句里，现在终于来到雪前，来到花下，机会难得，那就好好赏吧。

这几株梅花长在河堤的半腰上，两株完全盛开，显得格外鲜红，一株含苞欲放，红红点点，朦朦胧胧。梅花静静地开，雪花密密地下。我拿出手机，从不同的角度拍下了红梅傲雪的一幕幕。我陶醉地看了很久，看了好几遍。

冰中育蕾，雪中绽放，此乃梅花之二绝。凌寒独自开，绝！

此外，梅花还有三美四贵之说，即以曲为美、以疏为美、以欹为美，正则无景；梅花之贵，贵稀不贵密，贵老不贵嫩，贵瘦不贵肥，贵含不贵开。

离梅花十几步的距离，便是碧波荡漾的沙河。在雪天映衬下，明晃晃的水面，满盈盈的，芦苇荡里有几只小鸭子，缩着小脑袋，簇拥在一起迎接大雪的到来。河面上空白雪茫茫，仿佛大地在接纳上天的馈赠。美！

"北国风光，千里冰封，万里雪飘……"在岸边欣赏这美景，不禁让我浮想联翩。不忍离开，不愿移步。过了一会儿，孩子们身上满是雪，还有不少的泥巴，玩累了，该走了，带着不舍和欢笑，回家吧。

从美丽的户外雪景归来，梅花的清香还未从我的心头散去。23日，我接到了班级群北大国发E20班委发来的一则通知，邀请同学们参加2022年虎年新春迎新活动。

E20，没你不行；E20，一路同行！是啊，这么有纪念意义的活动，的确不能错过，既然一路同行，怎么好意思掉队呢。我一定要参与，那就按要求准备吧。

2022年的班级新春活动共有四项，我觉得挺有意思，也有意义，如有单位或集体条件允许，在新春佳节来临之际，我觉得不妨照此举办一次。在这里，我也把活动内容给大家分享一下。

活动一：E20全国同学迎新视频集锦。

拍摄内容：不论你在哪里，不论你在做什么，只要你觉得此刻最生动、最写实、最有表达的冲动，那么请用手机视频记录下来，或许是在工厂指挥生产忙碌的身影，或许是在工地查看抢工认真的姿态，或许是奔波一年正享受放松的惬意，或许是伏在案头仍旧修改战略的冷静，也或许是对一年繁复变化的感悟陈词，一曲动人的演唱，一段热辣的舞蹈，一段和家人送出的祝福。总之，用你的喜爱表达你的精彩，牛去虎来，又是希望满满的一年，真诚地告别过去，郑重地迎接未来。

活动二：E20各地同学春节后首聚活动。

活动内容：经历了一个短暂的假期，同学们彼此很是想念，相约正月初八、正月十六（各地同学根据当地情况、人数和时间，自行恰当组织春节后E20同学在某地（羊城、芙蓉城、商都、北京等）首聚，或游园惊梦，或看灯猜谜，或品茶阔谈，或饕餮盛宴，或把酒吟诗。总之，用大家喜欢的形式开启春节后第一聚。

活动三：E20春节后第一跑。

活动内容：戈赛和毕业活动是我们2022年的重要活动，在同学们和新老戈友的积极支持和参与下，戈17很快迎来第三次拉练，所有戈赛队员即将进入更严格的训练周期，在此也向所有捐赠、参与、关心、支持戈17赛事的同学们表示深深的感谢。为此，我们号召在春节后的某时，请各地同学组织开启所在城市地标"虎年春节后新老戈友、国发同学的戈17训练首跑"活动。跑出健康，跑出快乐，跑出骄傲，跑出自我，跑步，我们是认真的！组织者：当地戈17A或戈17队员。

活动四：同一首歌。

还记得我们2021年2月的那首《明天会更好》吗？每年同样的

你我、同一时间、同唱一首歌的温馨只有我们E20拥有！未来永不毕业时还一直唱着同一首歌的场面也太振奋了吧，让我们唱出温情，唱出朗润情，唱出承泽情，唱出2022年的新气象。活动规则和2021年相同，歌词认领，各自录制，班委会汇总编辑。让我们用歌声告别2021年一同唱响2022年！组织者：瞿娜。每人一到两句歌词，统一分配。

除了学校的迎春活动，对每年除夕，作为一位普通的中国公民，一家人围着电视看春晚，我想这应该是最常见的迎春方式了。

除夕那天，我在爱人的老家商城过年。晚饭结束后，一家人聚在客厅里，一边烤火，一边看春晚。时不时地，见缝插针在同学微信群里发红包和交流一些春节新现象，虽然线下天各一方，但线上却依然亲如一家。

从 1983 年到现在，春晚已经走过四十载。要说最精彩的，大概就是小品类语言节目了。以往的剧本台词舒适自然有深度且幽默，现在的节目也逐渐开始接地气，紧跟环境时事，小品《还不还》真的很现实，戏曲节目是最让人感动的，陈少云老先生 74 岁高龄唱《徐策跑城》，做派、身段、唱腔都是无一例外得好！个人最喜欢的一个节目是《只此青绿》的舞蹈，这真的是虎年春晚最亮丽的一道风景了。

相比较以往的姹紫嫣红，如今的服装看上去显然更加高级。青白相间的色调简约而又大气，婉转动人的舞姿魅惑且撩人，将国风舞蹈的精髓演绎得淋漓尽致。

这是我作为一位最普通的观众对春晚的一点儿感触。幸福的时光总是过得很快，一转眼的工夫，就听见任鲁豫在高喊倒计时了。窗外偶尔传来稀疏的鞭炮声，环保时代的春节已经没有了喧闹。

41

企业方法论

开春第一课"我的企业方法论",主讲薄连明,前TCL集团执行董事、总裁。这是一节战略与经营高度契合的理论课。

在选课时,我特意百度搜索了一下薄连明老师,从他的人生履历中,我也看出了他对行业的贡献,老师非常人所能比。也因此,他是我们职业经理人崇拜的偶像。

薄老师曾在TCL集团出任多个职位,人生履历丰富,经验十足,在课堂上为我们传授了很多企业实战经验,我把课堂内容大致归纳为以下几点,与读者朋友们共享。

一是全景模式。薄老师提出,企业是一个有机的生命体,每个企业都希望它能自行运转,自由生长。这很难,但却是企业家终生的追求。

这个定义非常有同感!对我个人而言,我是把企业理解为一群人的事业,让更多的人一起成长,我们最终的目的是为行业、社会做出更大的贡献。

全景管理模式由政治、经济、文化三个模块构成。这是完全有道理的,仔细想来,企业的大小事件都会被这三个模块涵盖,这个钻石模型的构建非常合理牢固。

二是适配理论。由钻石模型构成的政治、经济、文化三个维度，其是否匹配协调，直接决定着企业的整体健康发展能力。从三个维度的相互匹配能力开展企业评估，是一套非常系统的体检方式。如果一个企业遭遇经营亏损、发展缓慢等问题，可以通过企业匹配能力测评找到企业的短板，或者说匹配能力的问题。这是一个从企业全景角度系统地寻找短板的方法。

三是战略推演。战略推演主要是依据平衡计分卡的基础理论，通过对财务、运营、客户、成长四个方面，从目的到目标，再到措施，最后是风险评估，分阶段地进行讨论。最终准确地勾画出公司的战略地图。应该说，这是一套落实战略的好工具，企业管理变得很系统，全体高层管理者参与其中能清楚地知道公司的意图，让企业目标和措施都比较精准。

四是企业变革。首先，企业变革给我最大的启示就是成立变革小组，注重战前变革宣导。只有全体高层管理者清楚地知道公司的变革意图和过程，解放思想，没有包袱，变革才能顺利启动。其次，是在一定的时间内取得阶段性成果，让公司上下看到变革效果，增强大家对变革的信心，这样才能调动全员的积极性，克服困难，坚持不懈，永不放弃，确保变革成功。

五是工作原则。根据薄老师在工作原则上的总结完全能看出一个成功企业家应具有的卓越能力。从薄老师讲解的工作原则来看，我觉得薄老师善于从全局看问题，并系统解决问题，又擅长无为而治。

这里分享一下薄老师的管理金句：机制牵引、体制保障、文化导向、能力支撑，四位一体螺旋式上升，此乃企业健康发展之路径；管理为经营服务，管理水平适配经营发展阶段，经营是把长板加长，管理是补短板；管理存在的目的就是为了放大经营。

六是生活原则。生活原则其实也是工作原则的呼应。从薄老师讲述的生活原则中，我深刻地感受到薄老师的真诚和质朴，物质但不奢华，精神之富有，自律能力强，是一个影响力极强的人。

两天的"企业方法论"学习结束了，我们目睹了薄老师的儒家风范，真切地感受到了老师的真诚、质朴、平和，发自内心地佩服。

薄老师在生活中以诚待人，他认为百术不如一诚，自己简单了，世界就单纯了。"因为相信，所以看见"——薄老师之所以成功，实乃诚信赢天下也。

42

山东"现场"教学

"三八"节那天，收到李然老师在班级群里发来的一则消息，很遗憾地告诉同学们，由于新冠疫情原因，本周末的山东现场教学课改为北大线下＋线上同步进行的形式，待明年疫情好转后再与E21班一同前往。

宫老师和胡老师也根据实际情况进行了课程调整，增加了室内授课的内容。这是为保证大家毕业前完成学分要求，且在保证安全的前提下，学院不得以做出的课程调整。

本次课程为北大国发院的特色教学课程，原本是要在临沂孟良崮、马陵古道现场教学的，受疫情的影响，现场教学改为室内上课。

遗憾的是，由于北京冬奥会还在举行，酒店客房紧张等问题。现场不能，室内不行，我只得选择线上。

第一天的课程是"《孙子兵法》与竞争之道"，本节课由宫老师主讲。

宫老师首先对孙子的出生背景、吴国避乱、孙武练兵等做了生动的介绍。接下来播放了电视剧《兵圣》片段，为同学们展示了孙武如何将一群号令不清、约束不明的宫女通过颁布军令、严肃军纪而斩杀吴王的两个妃子的场景。

本次课程宫老师主要为同学们讲解了管理的五大要素，竞争的四个层面及取胜的六条原则。

一曰道，二曰天，三曰地，四曰将，五曰法，此为管理五要素。

首先是道，道乃道德，道义也。得道者多助，失道者寡助，出师是否有名？是否符合国家和人民的利益。作为企业管理者，也就是你所做出的决定和行动是否符合企业和员工的利益。这是取得变革成功的先天条件。

其次是天，从战争的角度讲，天时地利，天为天气，雨雪云雾，春夏秋冬等变化，都将决定着战争胜利的关键。从创业的角度来讲，天时就是时机，你所处的时代对你的创业是否有利。

再次是地，战争过程占领有利地形，是决定胜负的关键。在企业管理中，企业位置是至关重要的。你的企业所处的位置对管理成本、人才引进、交通运输等都有着直接的作用，地理位置决定企业的成本和销售。

又次是将，将就是领导者、统帅，一个左右全局的人物，也就是所谓的具有智、信、勇、仁、严的人。将者不仅要具备高尚的品德、高级的智慧，还要有勇敢坚毅、武德皆备的综合素质。

最后是法，我的理解是方法和制度，这与将的领导力息息相关，一个将的能力和使用什么样的法度、纪律十分重要。

再说竞争的四个层面，其实并不复杂，其核心理论就是上兵伐谋，其次伐交，再次伐兵，其下攻城。

伐谋：这是上上策，通过谋略说服对方，兵不血刃，是最好的结果。

伐交：通过外交的方式，孤立敌人，威胁对方，从而达到自己的目的。

伐兵：如果通过谋略和外交均不能说服对方，只能派兵攻打，通过武力征服对方。

攻城：这是最差的办法，跑到对方的国家攻打城池，付出的代价是最大的。

在竞争中这是最容易识别的四个层次，因此我们始终要提醒自己，攻城为下，攻心为上，没有解决不了的问题，只是缺乏高级的谋略。

宫老师所讲授的竞争取胜之道，我认为是对《孙子兵法》总体理论的提炼。所谓的并力，就是集中优势兵力以多胜少。只有做到知彼知己，才能增加胜算的把握。

关于取胜的六条原则，宫老师将其总结如下：

①全胜，即上兵伐谋，不战而屈人之兵。

②诡道，尽可能通过计谋诱敌深入。

③机变，就是机动灵活，在变化中寻找机会，出奇制胜。

④击虚，选择对手最薄弱的环节打击。

⑤任势，积极创造有利于自己的态势，制造机会。

⑥主动，在竞争中始终掌握主动权，牢牢地控制局势。

公元前354年，赵魏两国争夺卫国城市，魏国派兵攻打赵国都城邯郸，赵国求救于齐国。最后，齐国派田忌和孙膑救援。

这一仗，其实在开打之前就已经做好全面部署。

首先，齐国联合宋卫攻打魏国的襄陵，骚扰魏国后方，等待魏国主力庞涓疲惫之时回师救援。孙膑在桂陵设伏，以逸待劳，大获全胜。这就是史上著名的桂陵之战。

这个大家经常讲的围魏救赵的故事，它告诉我们，竞争中不能强攻，必须智取，系统部署，从而让对手钻进口袋里。

马陵之战与桂陵之战不同，相传马陵之战的背景是秦国商鞅说服魏侯称王，惹怒齐楚，在魏国攻打韩国之际，再派兵攻打对方，并采取了因势利导，诱敌深入的策略，把魏国太子申的部队诱入马陵古道，借助山势，万箭齐发，一举消灭魏军主力，庞涓自杀。

这两次战争都说明了一个问题，孙膑用兵的谋略超级一流，每一次庞涓都被骗得很彻底。这也再一次印证了上兵伐谋和《孙子兵法》的全胜之道。

第二天下午，胡大源老师为同学们讲授"谋略与执行"。胡老师也是我们很崇拜的人，不仅知识渊博、讲课幽默风趣，而且生活朴素、平易近人。

通过两天的学习，给我最大的启示是，企业管理在做决策时，奇正结合、执行有力是取得成功的关键。

商场如战场，在不确定的环境下，如何能够正确地定位战略，如何围绕战略正确地实施，如何找到适合战略实施的人才，这些都是极大的挑战。课程学习后，猛然间感觉清楚了很多。

43

武汉会晤

　　韩文昊、雷东二位想去武汉考察同学的企业，我也应邀一同前往。为了能够与大家同行，我于2022年3月14日在漯河乘坐同一班次高铁前往。

　　到达武汉后，按照行程，我们先去蔡大波的公司参观学习。

　　蔡大波的公司纽福斯位于武汉光谷生物科技园区的一栋科技楼上，来到会议室，元博士等人已在此等待多时。元博士先是对公司情况、产品研发情况等做了详细介绍。下午我们开始参观，从五楼到一楼，一层一层地看，已记不清有多少实验室和先进设备。

　　一楼是生物DNA生产试验室，纽福斯总部参观结束后，又前往另一处的武汉市中国留学生创业园查看佳瑞达生物科技，最后又参观了武汉市国家人类基因库实验室。

　　回到会议室，元博士再次向我们介绍了纽福斯眼科基因疗法的背景，以及在临床应用中所取得的成效，让我们深深地感受到了科技研发的力量。

　　次日上午，在科技园的办公室讨论了小白鼠血清蛋白在生物制品中的应用可行性。我原本就是兽医出身并不外行，研究这些问题我有自己的见解，这个项目是完全可以全面推广的。

这次来武汉刚好赶上樱花盛开的季节，考察结束后我们来到武汉东湖蘑菇山景区参观。满山遍野白茫茫的樱花，春天一片生机盎然，一群帅男靓女穿梭花间，一边开心地说笑，一边随心地拍照。

我们四人游弋其间两个多小时，实在走累了就坐在石凳上欣赏这难得的美景。此刻，我忍不住编写打油诗一首："东湖景区樱花开，四个爷们儿在发呆，春风拂面飞花白，斜倚长凳美梦来。"

平时工作都很忙，大家难得赶上樱花盛开，这次赏樱花都格外兴奋，一直到近下午四点才走出樱花园。

接下来，蔡大波带我们去老汉口英租界，参观了欧洲建筑风格的民国风。

听闻我们在此，万磊特意从宜昌赶来。我们一起讨论万磊如何打造宜昌模式，如何把园林绿化、生态养殖、田园旅游、特产销售一体化，把单一的优势做乘法变成无穷大的商业模式。

外滩印象紧靠长江北岸的河堤，风景宜人，能够清晰地看到滚滚长江东逝水，两岸大厦高楼林立，夜晚在灯光的映衬下，武汉这座城市显得非常有科技感。

44

有好友到访

按照事先约定，韩文昊、雷东到漯河停留一天。有朋自远方来，不亦乐乎。我也提前安排好了参观行程，第一站当然是双汇，既然来漯河，怎么也要带领二位领略一下中国最大肉类加工企业的规模。

可不巧的是，因为受新冠疫情的影响，双汇规定谢绝所有参观。

二位到站后，我们中午简单地喝了碗樊城牛肉汤，便到酒店入住了。下午三点，只能驱车到双汇大厦、双汇第一工业园外围转转。

此次好友漯河之行，这是最大的遗憾。

第二站，许慎文化园。对漯河来说，这是文化瑰宝。许慎乃东汉时期著名的经学家、文字学家、训诂学家和词汇学家，今河南省漯河市召陵区人。

《说文解字》是世界上第一部字典，许慎花费二十多年时间才编撰而成。从某种程度上来说，它不仅是漯河的，同时也是河南、中国乃至世界的一笔宝贵文化遗产。

曾国藩曾给予许慎高度评价，许书略存二百字，古镜一扫千年尘。

一个人的一生能有几个二十多年呢？许慎在编撰《说文解字》的这二十多年，又是如何度过的呢？

相传，东汉永元十二年（100年），许慎以太尉南阁祭酒校书东观，初步完成《说文解字》。为了令其更加完善，许慎一直都没有定稿，而是不断地将新的发现和收获补充进去。直到建光元年（121年）才最后定稿，遣子将《说文解字》献于朝廷。建和元年（147年），许慎因病去世。

许慎走后，为我们留下了一部《说文解字》。一生一个奇迹，一部《说文解字》足矣。

所以，这第二站，是绝对不能绕过去的。

在双汇外围转了一圈后，我们直接沿燕山大道前往许慎文化园。还好这里景区开放，我们特地请了个导游讲解。

许慎文化园于2008年9月开工建设，整个园区以全国重点文物保护单位许慎墓为核心，园区建筑按传统规制对称布局，三区一轴。

中心展示区三万多平方米，有汉字大道、字圣殿、叔重堂、说文馆、文化长廊、魁星亭、字形牌坊等主要建筑。墓冢保护区四万多平方米，主要为文物本体及部首方阵、字形解义、字源石、蟾桂山等景观小品。

2006年5月25日，许慎文化园内的许慎墓作为汉代古墓葬，被国务院批准列入第六批全国重点文物保护单位名单。2014年，许慎文化园被评为国家4A级旅游景区。

园子不算很大，我们一边听讲解，一边高谈阔论。待走出园子时，已经是下午五点了，于是快马加鞭来到沙河岸边的沙澧书屋。

沙澧书屋紧靠沙河的西岸，这里环境优美，绿树成荫，一年四季枝繁叶茂、花团锦簇。

在这里，我有一套复式的空中阁楼。阁楼装修得古色古香，一楼喝茶，二楼练字，楼顶阳台开阔，靠墙的位置梅兰竹菊俱全，阳台的中央专门放置了秋千和户外书桌。天气好时坐在下面读读书。这是我在漯河周末休闲的地方。

有好友到访，我便会特意安排来这里喝喝茶，听听音乐，站在楼顶俯瞰沙澧美景。

次日早晨，在送韩文昊和雷东去高铁站的路上，我们总结了武汉之行的一些公益性商业模式，并建议韩文昊回京后好好研究一下，成为班级未来联谊的平台。

45

数字化加速时代

2022年3月26日，一场以"数字化加速度"为主题的北大国发院EMBA论坛成功举办。陈春花老师与大家一起探讨了人力资源管理的创新现状与未来。

论坛由北大国发院BiMBA商学院助理院长、EMBA中心主任柴豫荣主持，活动以数字化的形式举办，众多企业管理者和EMBA潜在申请人以线上课堂的形式走进知识的海洋。

本次活动还邀请到了维信诺科技有限公司总裁助理、人力资源中心总经理、云谷科技有限公司党委书记、北大国发院EMBA校友代丽丽，三一石油智能装备有限公司董事、副总经理、北大国发院EMBA校友彭乐陶。两位EMBA校友分别从企业高管的角度分享了对数字化加速度时代管理创新的理解，并向听众介绍了北大国发院EMBA的学习体验。

基于大量的企业调研，陈老师发现，数字化给企业带来了工作场景的变化、组织形式的变化、业务和信息传递方式的变化，以及评价工作绩效模式的变化。

在这些变化背后，最重要的是"人变了"，其核心在于"企业可持续性与价值贡献的方式发生了变化"。

数字化加速度给企业带来了工作方式和人力资源管理的创新。在陈老师看来，面对这些变化，企业的管理者必须"以变应变"并以强大的组织力来驾驭各种不确定性。

如果说传统的工作方式是"任务工具人"按照"固定路径"履行"固定角色"的工作责任，那么在新的"数字化加速度"时代，工作方式则转变为所有人既是价值共创者，同时也是工作目标的共同管理者、结果产出的关键领导者。企业的管理者创建数字工作系统的过程就是组建数字团队、塑造数字领导力、打造数字个体的过程。

在数字化转型方面，陈老师重点介绍了她及其团队的研究案例：海尔的"人单合一"数字战略、安踏的"价值零售"数字工作系统，以及金蝶的"智能协同"数字工作模式。谈及数字化时代人力资源管理的创新，陈老师更是把金蝶、华为、腾讯、远大等代表性企业的实践以一个学者的视角呈现给听众。

"这是一个开始，而不是一个总结。"

陈老师提醒各位听众，数字化加速度才刚刚起步，企业管理者要跟上时代步伐，要前瞻时代变化，必须不断学习。

因为，"学习者掌握未来"——"在今天数字化加速度的过程还会更快，我也特别欢迎大家来到北大国发院 EMBA 项目当中，和我们一起来探讨这种开始到今天不断推进的、新的管理议题。我相信你重新回到学校来学习，一定会看到新技术、新改变对新知识系统的更新如此重要。"

企业高管眼中的"数字化加速度"是什么样的？

企业中日新月异的实践，让他们意识到陈老师的研究前瞻了企业管理变革的方向——必须进行数字化转型，拥抱"数字化加速度"。

来自三一石油智能装备有限公司的彭乐陶表示，企业进行数字化转型，一方面源于企业自身的需求，另一方面也是在把握时代赋予的大机遇。

"在数字化大潮中，要么翻身，要么翻船。"

这是彭乐陶对数字化的认知，由此也确认了其"1+5"的数字化战略，即一把手要"躬身入局"，同时明确五个抓手，来全力推动数字化转型。

"我相信未来优秀的工业企业一定是科技企业，以数字化来驱动制造；人力资源方面，是以更少的人来实现更大的价值。"

代丽丽则来自一家新兴行业的领军企业。这家企业要和国际巨头竞争，其上游供应商链条也掌握在国际巨头手里。这就需要这家本土企业进行自主创新，激发人的活力，打破传统的职能壁垒，建立对经营结果负责的作战团队。

在推动从客户需求到客户满意的"端到端"的组织设计和落地的过程中，其阻力是不小的，也不是一朝一夕的。当然，最根本的还是我们要从管理者洞察和认知上去进行改变，这就要求管理者必须从控制到赋能实现无我的境界。

46

广联达企业游学

读万卷书，行万里路。

2004年，北大国发院BiMBA商学院EMBA国际化领导力课程开始走出国门，至今已经十多年，足迹遍布德国、英国、美国等国家。企图通过参访国际卓越的企业、高校、政府机构，与各界高端人士深度交流，以此来开拓同学们的国际化视野，挖掘自身的领导力潜能。

多年来，BiMBA商学院在国际游学领域积累了丰富的经验。但随着VUCA（乌卡）时代的到来，商学院也必须在新的环境下不断创新，打破思维定式，以全新的理念和形式向同学传递国际化领导力的核心内容。

基于此，在最美的人间四月天，我们又迎来了"国内企业游学"课程。

在"构建以国内大循环为主体，国内国际双循环相互促进的新发展格局"战略下，杨壮老师将带我们参访以科技驱动的中国领先企业和著名跨国企业，观察反思走向国际化的优秀企业创新发展的驱动力、竞争力和领导力。

2022年4月11日，来自北大国发院的EMBA20班、19班、18班及其他班级的 30 名同学，在北大国发院 BiMBA 商学院管理学教授杨壮的带领下，走进中国建设工程信息化领域首家 A 股上市公司、"数字建筑平台服务商"——广联达。

此次的企业课堂内容包括：展厅参观、阿里战略、云计算、行业洞察、创新组织等主题分享。

在参观展厅时，同学们一边与企业高管深度交流，一边进行总结反思。课程的每一个环节都能让同学们打开自我边界，以全新的视角去看待个人的成长和企业的文化、战略及国际国内最前沿的变革趋势。

广联达高管坦言，数字化转型就是一场自我革命。随着数字化时代的到来，中国大量的传统企业也亟待进行数字化转型，但是，这一转型绝非一蹴而就，很多企业在数字化转型的路上磕磕绊绊，举步维艰，思想、技术、组织、人才处处掣肘，直到最后半途而废。

截至今天，广联达已经走过了长达八年的数字化转型之路。从某种意义上说，这也是广联达的第二次创业之路。五十多亿元的营收和其在行业中的头部地位，已经强有力地证明了这家企业数字化转型的成功。

"数字化转型必须是一把手工程。数字化转型短期难以见到成绩，要长期坚持下去，一把手必须躬身入局！"广联达高管在对"广联达的数字化战略实践"的分享中，点明了这家民营企业创始人刁志中在转型中的重要作用。

广联达提出了"数字化领导力"，以数据驱动业务流程升级，迅速提高管理效率。数据的汇集与分析可以很好地支持高效决策，但数字化领导力绝非一堆数字的简单堆积，绝非仅仅由系统来推进数字化进程。

因为以数字化为基础，企业的长足发展仍需有一个特别清晰的战略定位。要实现信息共享，就需要以强大的组织力来打破部门之间的壁垒。

数字化转型需要不拘一格提拔新人，需要坚定的信念和包容失败的环境。所以说，传统企业的数字化转型必须是一把手工程。

在"广联达造价业务云转型的实践与思考"分享中,高级副总裁刘谦也以一个视频生动地再现了广联达在数字化转型上的决心。

2013年,公司创始人刁志中特意带领高管来到甘肃瓜州,体会玄奘法师"宁可西行一步而死,不往东归一步而生"的精神。

他对两个负责数字化转型的高管说,如果数字化转型不成功,就"提头来见"!

这生动的场景,让在场的同学见识了中国民营企业家的魄力与定力!

自我革命的人才支撑,坚定的转型决心,都与创始人高远的战略眼光密不可分。当时,这家企业已经在预算软件行业遥遥领先。

但居安思危,趋近饱和的市场,让上市公司广联达必须拓展自己的边界,进行自我革命,重新定位,走建筑的数字化、在线化、智能化之路。

数字化转型需要新的人才来担纲,原来的创始元老该何去何从?这是很多企业在转型中遇到的难题。

广联达高级副总裁、人力资源管理中心总经理李菁华女士为北大国发院的EMBA同学分享了"广联达人力资源2025规划解读"。

一方面,广联达在努力扭转老员工的观念,向高管传递新的理念。另一方面,在组织设计上,公司也为员工提供了多通道的发展机会,管理岗的人才可以转到专业岗,这样既解决了组织人才的更替问题,也为人才继续发挥自己的价值提供了通道。

广联达从上到下是一个学习型组织,公司团队每年学习两本书是该企业思想领导力的来源。数字化转型需要披荆斩棘,更需要新的视角、新的技能、新的理念。

在游学课的领队教授杨壮老师看来,公司创始人、一把手刁志中先生就是这个学习型组织的标杆、模范。他虽然已经年过六旬,但是却仍然坚持学习,每年带领公司团队深入学习两本书,其中既有美国亚马逊创始人贝索斯的前沿实践,也有日本松下幸之助的经营之道、稻盛和夫的"心法",更有中国人的传统哲学。

"中西合璧"是北大国发院 BiMBA 商学院的办学理念,也是一家优秀企业在这个时代必须具备的"拿来主义",杨壮教授告诉同学们,无论这个管理理念、管理方法是西方的还是中国的,"好的企业都要把全世界最好的东西拿过来学习和运用。"

47

来自微软的驱动

从 2022 年 4 月 11 日到 4 月 12 日。

从西北旺东路 10 号院到丹棱街 5 号。

从阿里企业课堂到微软企业课堂,从中关村软件园到微软大厦,从中国本土成长型企业广联达到全球市值第一大公司微软(根据截至 2021 年 10 月底的数据)。

在两天的企业游学中,同学们从感动到震撼,从思考到"刷新"——微软以成长型思维"刷新"我们的世界。

参观完广联达,次日,依旧是在杨壮老师的带领下,同学们走进微软在美国之外规模最大、职能最完备的研发基地——微软亚太研发集团。

此次游学内容包括微软领导力、组织与文化、战略等主题分享。

在一层展厅,同学们深刻地体验到了成就不凡的先进技术手段,未来感和科技感扑面而来,令人沉浸其中。

一款酷炫的微软 Hololens 全息眼镜,将同学们带入了混合现实的世界中。与 VR(虚拟现实)不同,戴上无线的 Hololens 既可以看到、触碰到数字的虚拟世界,也能同时将现实世界尽收眼底。

混合现实让人自由穿梭于两个世界中,与不同物理空间的人仿佛共处一室，面对面地携手探索数字科技的崭新未来。

微软 CEO 萨提亚说："因为我的存在，地球会有什么不一样？"

杨壮教授是思想领导力、专业领导力、品格领导力"三元领导力模型"的首创者。在杨壮教授看来，企业领导者的思想、品格对一个企业能走多远起到了至关重要的作用。

2014 年，萨提亚·纳德拉出任微软 CEO，为微软打造了新的企业文化。自此，将微软带入了一个全新的发展阶段。

杨壮教授的学生、北大国发院 EMBA2002 级校友、微软亚太研发集团运营传播及公共事务副总裁商容女士在"微软文化转型团队再造的蜕变之旅"演讲中也回应了杨壮教授的观点。

她说，萨提亚提出的"刷新"，就是指每个人、每个组织乃至每个社会在到达某一个点时，都应点击刷新为自己重新注入活力、重新激发生命力、重新组织并重新思考自己存在的意义——"因为我的存在，地球会有什么不一样？"在实践操作上，多元包容、团队协同的价值观都有相应的公司晋升制度、业绩考评方法作为支撑，从而让思想、文化落到实处。

从萨提亚担任 CEO 之前的强调单个组织和个人到现在的强调整体和团队，即强调"一个微软"，全新的创新文化让微软在智能云平台、个性化云计算等多个领域里走在行业前列。

赵军说，像 Hololens 这样时尚炫酷的高科技产品，就是一群看起来特立独行的人共同研发出来的，这也正是微软"多元包容"文化结出的硕果。

在微软亚太研发集团，有 80% 左右的员工从事研发工作，显然如此高密度的顶级人才聚集与微软的创新文化、人才政策密不可分。

杨壮教授告诉同学们，中国企业家必须反思自己企业的人才政策、文化土壤，以吸引更多高级人才。

北大国发院 EMBA 的游学课程不仅与国际化企业进行文化、思想上的碰撞，同时也关注跨国公司在本地的具体实践。微软大中华区教育行业总经理陈之若女士向同学们介绍了微软如何通过自己独特的技术和资源更好地支持中国学生强化其创新能力。

在"双减"政策之下，中国很多教育机构亟待转型。当然，我们的学生也必须找到新的方式来提升自己，拥抱科技与未来。

今天的微软，已经与中国多所高校、中小学展开合作，让孩子们从小就在编程中体验科技的乐趣，借助数字化科技探索更广阔的世界。与此同时，多所商学院也在尝试通过与微软合作培养数字化时代的企业领军人才。

中国企业家的"成长型思维"与"领导力实践国际化游学"课程，就是要让中国企业家和管理者把关注的目光转向优秀的跨国企业，转向中国企业的国际化实践。

在专题分享之后，同学们随后进行了认真、深入的讨论与反思。与以往将游学的大巴作为反思的主战场不同，此次的反思就在此时此地。

杨壮教授作为领队，在现场向同学们抛出了三个值得反思的问题：

（1）两家公司的核心领导力是什么？核心竞争力是什么？一家企业基业长青的条件是什么？

（2）北大国发院的商学教育特别强调"中西合璧、知行合一"。两家企业在领导力和企业家精神方面有哪些值得借鉴的地方？自己如何在未来的经营实践中，提升领导力和企业家精神？

（3）作为一个个体，如何理解"成长型思维"？

杨壮教授的问题落地，同学们就开始思考。每个人都在思考，每个人都在不停地思考。

杨壮教授说道："我和你们一样，两天学习收获很大，终身受益。广联达和微软各有特色，两家高层领导者身体力行，共祈愿景，挑战现状，激励人心。两天学习印象最深的就是学员深度真诚的反思。"

"我们既要仰望星空，又要脚踏实地。希望同学们可以把这两天观察到的、学到的领导力精髓和企业家精神运用于自己企业的实践中，携手应对新冠疫情和国际国内环境的挑战。"

无论风雨彩虹，北大国发院EMBA领导力游学课一直在路上。感谢杨壮教授一路的陪伴和教导！感谢所有老师一路的陪伴和教导！

48

跨文化领导力论坛

2022年5月14日下午，北大国发院EMBA论坛（第63期）暨北大跨文化领导力论坛成功举行，本期论坛特别邀请到了北大国发院管理学教授杨壮做主题演讲。

由于受新冠疫情的影响，中国和海外股市在近期皆出现大幅波动，全球经济增长趋缓，各国政府都在不断地摸索应对疫情的措施。与此同时，大数据、人工智能、机器学习等带来的数字化浪潮，也让很多传统企业不得不开启数字化转型大幕。

多变复杂的外在经营环境、突飞猛进的技术变革，这一切都使企业的领导者面临前所未有的不确定环境。本期论坛也就在此背景下诞生了。当然，这样多变的环境提醒我们的企业家必须转变思路，以全新的思维方式来思考企业的当下及未来，凭借更强有力的领导力来激发团队、破局重生。

在北大执教的二十多年中，杨壮教授一直致力于跨文化领导力的研究，曾多次带领国发院EMBA学生赴美国、日本、英国、德国、印度、以色列等国家，与跨国公司、政府机构、高等学府等展开跨文化领导力交流。

本期论坛上，杨壮教授以"三元领导力"为框架，为企业家和高管们构建了领导力发展的理论模型。

杨壮教授说，在不确定环境中，企业家必须以思想领导力、专业领导力和品格领导力来带领团队，坚定信念，开辟新局，实现数字化转型和组织变革。

面对剧变的外在环境，杨壮教授呼唤企业家，要有大格局、大视野，以跨文化视角来审视自己企业未来的发展定位，以国际化的标准来打造企业自身的核心竞争力。

此外，本期论坛我们还邀请了几位校友嘉宾，他们分别以不同内容为主题，为大家带来了很多可以参考和借鉴的宝贵建议，下面我摘其要点与大家分享。

荆天：金拓资本执行董事、创始合伙人，北大国发院E07级校友

我们的很多企业，已经长期习惯了享受中国改革开放的各种红利。但是，这个红利终将渐行渐远。

现在，企业发展不仅要看自己的企业、自己的行业、自己的赛道，还要看国家、看国际，要顺应形势、顺应趋势。

在不确定环境中，一方面，企业家管控好自己的欲望，不能盲目投资；另一方面，要把握这里面的机会，不要浪费每一次危机带来的机遇。

梦想有多大，世界就有多大；反过来看，你看到的世界有多大，你的梦想就有多大。如果你看不到那么大的世界，一定要调整自己的目标，不要去设定不现实的目标。

封建欣：北京远大恒通科技发展有限公司创始人兼 CEO、北大国发院 E08 级校友

"人生的每个阶段都要好好问一下自己：你有什么？你要什么？你可以放弃什么？"

这是杨壮教授曾经说过的一句话，这句话在我心里一直不曾忘却，在这里也给大家分享一下。

无论是基于你的梦想，还是基于个人使命，想必每个人都有自己的答案。而这个答案只在你自己内心深处，只有你自己能找到。

在你找到了这个答案之后，你的自驱力就可以让你坚持把一件事情做到极致。当你沮丧、怀疑，或者是想放弃的时候，只有这个内驱力产生的愿景、使命、价值观能让你坚持做自己的事情。

企业家要知道自己要什么、不要什么，先要什么、后要什么，什么是当下真正的关键战略目标。由于创业公司的资源有限，所以，在同一时间内重要的战略目标只有那么一个。

霍斌：伊电控股集团有限公司董事长、北大国发院 E13 级校友

企业面临的不确定性有些是我们可控的，如生产经营过程中的目标、管理、产品、市场。而有些则是我们不能控制的，如国际环境、国内环境的变化。

在这样不确定的环境中，企业还是要通过发展来解决生存问题，而不是驻足不前求生存，企业家一定要明确自己的发展目标：你要把企业带到哪里？

当我们有了这个明确的目标，同时也就有了坚持不懈努力的方向。

潘艺琼：蕾明视康科技有限公司 CEO、北大国发院 E17 级校友

在任何行业里面，最终能够胜出的都是在市场中千锤百炼、历经生死，以及在危机中不断打造、提升自身产品和服务竞争力的企业。

在这样一个不确定的时代，商业的逻辑是不变的，企业应该更加关注业务的内生增长，回归商业的本质，打造自身的竞争壁垒，政策和环境都只是催化剂。

我相信泡沫洗净以后，企业的生产力、产品力、技术才真正开始兑现社会经济的价值。所以，每一个企业、每一个领导人都应该有长线发展的战略眼光。

这次论坛仍然是线上举办，几位校友的演讲非常精彩。尤其蕾明视康科技有限公司 CEO 潘艺琼，不仅提出了如何在多变的时代，坚定目标，管理困境，适应变化，更提出了如何利用危机，转危为安，并在危机中发展和提升自己竞争力的远见！

潘总真是一位有勇气、有智慧的企业家！他的这一忠告给我的感触最大，同时也引起我对危机的高度认识、思考、研究和利用。

49

毕业论文答辩

论文答辩，乃毕业前最后一件大事。在每位同学的心中，这既是一座高山，又是一个顶峰。

在答辩前夕，每个人都在认真地按照导师的要求进行修改完善，看了一遍又一遍，改了一遍又一遍，甚至连一个标点符号都不敢放过。到最后我又把所有的参考文献都认真地细读了一遍，反复揣摩我的引用是否和作者的意图一致，争取让论文逻辑更加清晰，引用恰到好处。

总之，我想让论文以最完美的形式呈现在各位评委老师的面前，至少是自己认为的完美。但是，无论怎么努力修改，在论文未通过答辩之前，心里始终是没底的。

盼来盼去，因新冠疫情，学院采取线上的形式进行毕业答辩。

这是学院首次进行线上论文答辩，为此，前期做了各种准备和测试工作，负责论文的赵鹏娟老师将各类要求第一时间发到微信群里，以便同学们提前悉知。

接到学院通知，确定了毕业论文答辩日。根据学校要求，在答辩前三天毕业论文必须发给赵鹏娟老师，以便答辩时使用。

5月16日下午，第一个参加答辩的是李进超同学，清华本科，高才生。

高才生就是高才生，李进超同学很顺利地通过了论文答辩。答辩结束后他还在微信群里分享答辩的经验，告诉同学们不要紧张，只要按照老师的提问回答即可。

当天参加答辩的还有陈涛、陈素英、张来生及E19的三个校友。其中，张来生在深圳出差为筹备中科江南上市敲钟事宜，虽然当时所在的宾馆网络有些问题，几经周折最终还是顺利通过论文答辩。

张来生真乃双喜临门啊！他算是这次论文答辩最大的彩蛋。那天E20班级群里好不热闹，一波接一波地祝贺，点赞的、送花的、发红包的，一直持续到晚上十点多方才作罢。

5月16日到20日连续五个工作日，都是论文答辩时间。这几日班级微信群里的消息天天爆棚，不停地祝贺论文通过的同学，一天下来几百条信息。直到5月18日下午，传来不好的消息，重庆的梁珂同学答辩遇到一些小问题。

梁珂是我们班年龄最小的同学，曾在华为工作过，小伙子是高才生，聪明过人，不知道这次论文遇到了什么情况。

热闹了几天的微信群陷入了沉默，同学们开始由喜转悲，换来了一波又一波的鼓励声，关键的时候李然老师总会出现。李然老师告诉大家，这种情况每年都会有，只要同学们按照答辩评委老师的要求进行修改，最后都是可以通过的，大家不必过于紧张。

听了李然老师的鼓励，我们只能说，悬着的心好像落地了，但未开始答辩和答辩未通过的同学还是会悬着一颗心。

在等待答辩的这几日里，我白天努力阅读论文和答辩PPT，反复思考每一段的完整性、逻辑性、准确性，猜想老师会问什么问题。

总之一刻都不敢掉以轻心，连续几天晚上辗转反侧地思考论文。有些时候甚至困惑自己经历了近二十年的职场摸爬滚打，为何这次答辩如此紧张。

也许是太希望第一时间能拿到毕业证，特别在乎的东西自然就高度重视，因此寝食难安。

终于等到了2022年5月20日，下午三点四十分，轮到我答辩了。

按照赵老师要求，提前操练了腾讯会议的各项功能，确保答辩时万无一失。答辩准时开始，画面中我看到了胡大源老师、宫玉振老师、谢绚丽老师、赵鹏娟老师。宫老师简要地介绍了一下各位老师的情况，让我用15分钟的时间陈述论文的主要内容，介绍结束后讨论。

由于前期已经练习好多遍了，所以这次很顺利地按要求进行了陈述。问答环节，首先谢老师、胡老师、宫老师分别从技术和专业的角度提出了九条修改意见。宫老师特别提问我，在论文课题实施过程中遇到的难题是什么？

我的论文课题是鸿旺牧业的人才建设问题研究，是在我们客户的公司展开的。在推进过程中，需要反复地给项目参与人员讲解课题的意义，课题工具的使用，评判标准的把握，以及包括参与人员认知不到位，前期缺乏基础数据等一系列问题。

这一系列问题，给论文课题的推进效率和质量带来了很大影响，如人才流失率、员工学历、年龄、工龄结构等，因为前期没有统计，有的口径也不一致，在计算对比时遇到很大困难。

最终，评委老师集体通过了我的论文。退出答辩会议室后，感觉空气中的每一粒尘埃都在向我微笑。

后来我又用了两天时间，把老师们提出的建议进行了全面修改，检查了好多遍，在确保无误的情况下，签订了论文最终版承诺书递交给赵老师。

毕业论文的结束预示着毕业将至。回想两年多的求学历程，一直伴随着新冠疫情的反复，见缝插针地突击上课，紧张而充实地奔跑。

两年来，在北大这片自由的学术氛围里，我们在商学院修完了"商务统计""宏观经济学""微观经济学""金融与投资""私募股权""组织行为学""营销管理""人力资源管理""中西方领导力""商业模式""战略设计""商务英语"等几十门课程，涉及企业管理的基础理论全部重点地学习了一遍。

我们过去的企业实践，也因此变得更加丰满。同时，通过这些课程的现场或室内学习，我们也更深层次地了解了企业管理的精髓。

感谢北大！感谢老师！

50

北大毕业典礼

2022年6月1日那天，接到李然老师通知，近期北京新冠疫情向好，学校定于2022年6月18日举办研究生毕业典礼，邀请大家感受这份深深的"仪式感"！

看到这一消息，我高兴得像个孩子，差点儿蹦了起来。按照老师要求，我登录北京大学官网"毕业驿站"进行"研究生参加毕业典礼确认"。

北大国发院自己的毕业典礼拟于6月25日在百年讲堂举办。现已向北大提交申请，但还在等待审批中。班委们也在紧锣密鼓地筹备毕业相关活动。

考虑到疫情防控的原因，我决定先参加学校举办的研究生毕业仪式，然后再参加学院的毕业典礼。按照北大三天两检和向学校报备才能入校的防疫规定，我提前五天就来到了北京。

北京西站的地铁9号和4号线，北大东门、颐和园出口、北大西门、朗润园，勺园和燕园，已经记不清楚多少次往返。每次路过，都是那么开心和幸福。这一切，如今都成了美好的回忆。

这次到北京，选择了北大西南门的富驿时尚酒店。从北京西到酒店，明显感觉到人流量大减，从车站到地铁，再到路面街道，人少车马稀，没有了以前的喧闹和拥挤。

对两年多的求学生涯来说,毕业典礼应该算是最有意义的活动了。来之前我就想好了,只要学校如期举行,我就一定参加,记下这最美好的时刻留待以后回忆。

6月14日中午,E20同学群接到李然老师通知,由于疫情原因,学校的毕业典礼外地同学无法参加了。既来之则安之,如果不能参加学校的毕业典礼,那就和老师、同学们换个特别的方式举行吧。

"永辉!好消息!北大618毕业典礼通知下来了,返京3日以上的同学可以入校参加,场地五四操场。"6月15日晚,收到李然老师的微信消息,我心中一片狂喜。

这次来北京让李然老师担心了,李然老师非常理解这次的毕业典礼对同学们的重要性。她每天都会在微信里问候,一直关注着外地来京同学能不能参加毕业典礼的事,一有消息就第一时间告知。

这一天还收到一个好消息,2021—2022年度优秀论文新鲜出炉。李然老师说,本次共评选出13篇优秀论文,我们班同学占据10个席位!创造了历年毕业班优秀论文之最!咱班刷新历史纪录了!

此次优秀论文从2021年秋季和2022年春季参加答辩的论文中评出。获奖的论文名单

由答辩委员会成员集体讨论通过，并最终由 BiMBA 学术委员会核准。获奖论文是本学年参加答辩的所有 EMBA 论文最高水平的代表。高兴之余，也把这些名字和论文记录了下来。

洪晓莹：《XY 刺梨公司营销模式的探索与反思》。

黄柏文：《晶圆代工企业的战略调整研究——以 UMC 为例》。

黄立才：《收益法在资产评估业务中的运用研究——基于 A 资产评估公司估值案例的分析》。

黄琦：《以客户需求为导向的营销转型——GE 公司 CT 设备营销实践与思考》。

金银实：《日立公司企业转型研究》。

蒲新宇：《信息不对称产品和服务的营销——淘车营销案例剖析》。

瞿娜：《医药行业新形态下的适应性组织搭建》。

张同学：《互联网金融时代传统银行网点转型研究——以招商银行网点转型为例》。

朱家裕：《不确定环境下医药企业提升综合竞争力的关键因素——以 A 公司为例》。

6 月 16 日，班级微信群又收到一轮爆炸信息，李然老师发来马浩老师赠 E20 的毕业礼物。马浩老师把班级的人名全部编成了四字成语送给我们。

  美伊佩琦 娇婧晓莹 素英莉娜 慧雯冉静
  文君昕雅 艳丽彩萍 雪蔚春瑜 博慧飞英
  少华正光 德全中平 新韬秀志 进超晓勇
  文昊武斌 云龙剑青 向阳佳林 无杰玉栋
  立言立才 文文伟东 立杰立贺 珍珍金荣
  陈涛易涛 吴蒙张蒙 杨朔杨巍 杨振杨勇

马博马飞	永辉雷东	梁坷梁倩	廷超刘恒
黄琦黄婴	曙光建君	周刚周涛	张力来生
海杰海华	建军海中	海强任剑	长全韩勇
世菊周芳	谢赟光勇	志契志芳	蔚燕杨蓉
柏文仲琳	瞿娜小宁	郭彪关锐	伟东正中
金富银实	家裕国金	乐陶新宇	万磊孙鹏
杜康陈臻	大波行令	春晖长春	浩马御风

终于等到了 6 月 18 日，按照学校规定，我们在规定的时间和地点集合，集体进入五四操场观礼。

等我赶到时，大部分同学已经来到现场，都在换学位服并相互的整理妆容，人员到齐后在老师的带领下进入五四操场。王新韬同学还带了自家姑娘，按照会场规定，小孩儿不能入内，EMBA 主任柴豫荣老师没有入场，在会场外帮助同学们看孩子，这一举动迎来了无数同学投来感动的目光。

进入会场，好气派。主会场有三块巨型 LED 屏，正中央那块赫然写着：北京大学 2022 届毕业典礼及学位授予仪式！参会人员 6000 名硕士，2000 多名博士，加上教职工，本次会议总人数近万人。

我在 12 区 13 排 12 号入座，距离主席台较远，只能通过大屏幕观看进行报告的老师和同学们。

和风衍漾，夏日温朗。在晴日绿茵的见证下，北京大学 2022 年研究生毕业典礼暨学位授予仪式在五四运动场举行。

我们一起完成了在燕园的最后一课，从此开始走向人生的新阶段。

此时此刻，我们一起直击现场，相互道一声：毕业快乐！

51

最后的宴会

宴会作为社交与饮食相结合的一种活动形式，对人们各种情感的联络和沟通，其意义和作用不言而喻。毕业季，狂欢季，同学一场，明天就要各奔东西，这最后的一场宴会，怎么能少得了呢。

2022年6月19日至23日，抓住这最后的机会，北京的同学因占据地利优势而抢先下手，一场接着一场，连续几天，各种聚会和茶话会让我应接不暇。盛情难却，我只得奔跑于各场之间，与同学们一一作别。

第一场是王新韬和赵向阳发起的。

聚会在西城区影院的别墅里进行。当晚参加的同学还有杨朔、易涛、赵珍珍。

新冠疫情让我们已经半年多没有见面，有很多话要说，有很多事要讨论。你开心，我开心，他开心。

对于这场宴会的意义，有这些就足够了。

第二场是在韩老师的带领下，到顺义分享收获农场游学。

时间是在周末上午，我们一大早出发，前往目的地分享收获梨园公社。这次拜访的主角是世界青年、清华大学博士后、分享收获农场创始人石嫣博士。石博士在十年前为了践行对农业的热爱，和同学程存旺博士一起来到顺义，租了 80 亩地开始创业。

最初并不懂种庄稼，也不懂如何与农民打交道。后经过十年的风雨历程，终于实现了自己的理想。

目前，分享收获农场拥有耕地面积 300 亩，石嫣及其团队已经先后建立了小毛驴市民农园、大水牛市民农园、分享收获、溪地都市生态农园等，直接影响返乡青年、创业者、农民、消费者几千人，间接影响几十万人，实现土地净化保护一千多亩，名副其实的职业农民。

第三场东哥安排北平楼。

北平楼在朝阳区、丰台区都有店铺，以经营老北京风味为特色的北平楼酒楼在总结前人经验及继承传统又开拓创新的基础上发展的老北京风味菜肴酒楼，突出显示了其历史的悠久、风味的独特、深厚的文化特征。

北平楼酒楼是京味儿十足的地方，进门就能听见店员的吆喝。这里不但做地道的北京菜，而且老北京小吃也一应俱全。

外地的同学陆续抵京，韩文昊、雷东作为北京同学的代表，特意安排了晚餐为同学们接风。那晚应约参加的同学有岳建军、张力、洪晓莹、蔡大波、王新韬、赵向阳，还有我。

同学们聚在一起相谈甚欢，回忆戈壁的美好，讨论北大课程的精彩。

我实在熬不住了，加上手上稿子需要尽快完工，我到晚上九点多提前撤了。

第四场是黄立才的天鸿宝大厦茶话会。

次日上午，我约了李曼国际的黄总讨论行业的发展趋势，如何定位未来行业的商业模式。直到中午吃过饭，方才从上清桥前往地坛附近的天鸿宝大厦。

赶到时刚好两点，在大厦的前厅看到了张力同学。我们来到黄立才的办公室，茶几上早已摆满了各色水果，坐下后黄立才还特意泡了大红袍给大家品尝。

黄立才是国企的副总裁，为人低调，业务能力强，是同学中很优秀的一位。

过了一会儿，韩勇、赵珍珍、宋立言、岳建军相继到来，同学们从开学聊到毕业，感觉在北大读书的每个瞬间都值得回忆。人生不读一次商学枉为企业家，不读一次北大也是一次巨大的遗憾。

第五场是金鼎轩戈壁五组聚会。

戈壁五组是我们开学时的原创小组，积累了深厚的感情，组长韩娇婧虽然是90后，但也有很精彩的人生经历。

至2021年连着九天的大课之后，大家很少见面，这次毕业典礼算是聚得最全的一次，易涛、鲍光勇、周涛、杨立贺、韩娇婧、赵珍珍、姬美伊、雷东和我，九人如数到齐，而且还多了吕蔚嬿和张同学。

同学们见面总有说不完的话。五组聚会自然离不开戈壁之旅，讨论牵手的问题、背包的问题、走不动的问题。回想那天的穿越，我是背包客，易涛是旗手，我们两个轮流作战。

6月23日，各种聚会我都拒绝了，安心在酒店思考出书的事情。

实在没有时间了，马上就要毕业了。毕业晚会总是要做最后的释放，我是一个没有颜值和才华的人，只有一颗善良的心。我必须为E20做点儿事，否则就辜负了上天对我的关照。

52

毕业颁奖仪式

今晚,北京大学国家发展研究院EMBA2020级毕业颁奖典礼在国发院承泽园报告厅隆重举办,师生欢聚一堂,庆祝E20班级全体学员顺利毕业。

今晚,我的人生第一本私募股权计划书终于尘埃落定,静待明日发布。

本次毕业颁奖典礼由E20班主任李然老师主持。姚洋、杨壮、范保群、柴豫荣、黄卓、刘旭杰等老师与我们一起回顾了E20在北大国发院度过的珍贵时光和取得的骄人成绩,共同展望了值得期待的美好未来。

北大国发院院长姚洋教授在致辞中告诉同学们,未来会是中国经济发展的高光时代,未来的世界无法脱离中国。在这样的大环境下,北大国发院每一位学子的未来都值得期待。

接下来,杨壮教授在寄语中肯定了E20班级在不同城市进行的丰富多彩的游学活动,认为游学与课堂均体现着北京大学海纳百川的精神,这些课程让同学们在无形中形成了积极而包容的班级文化与精神风貌。杨教授还分别从独立思考、自驱力与自控力三个方面嘱托毕业生们发扬中国的优良传统,面对挑战,永不退却,不断学习,不断进步。

在北大国发院两年的学习生活中，E20 的学员们在不同方面均取得了丰硕的成果。在学业方面，有十位同学的论文获得了"优秀论文"称号，参加答辩的学生人数更是创造了 EMBA 学员的历史新高，他们博学多才，潜心钻研。

通过系统性的课程学习，聆听大师的谆谆教导，不断重新审视自我，多位同学荣获"学业卓越奖""学业优秀奖""优秀论文奖""博学多才奖""最佳出勤奖""分享达人奖""潜心求学奖""笔记达人奖"等各项荣誉。

这些获奖者，不仅为个人，也为班级赢得了荣誉。对 E20 整个班级来说，他们是我们的骄傲，我们心中倍感自豪。所以，我也就把他们都记录了下来。

（1）"学业卓越奖"。

解海中、刘廷超、瞿娜。

（2）"学业优秀奖"。

孙鹏、杨朔、高伟刚、吕蔚嬿。

（3）"优秀论文奖"。

洪晓莹、黄柏文、黄立才、黄琦、金银实、蒲新宇、瞿娜、张同学、朱家裕。

（4）"博学多才奖"。

张力、赵向阳、谢赟、张蒙、李进超。

（5）"最佳出勤奖"。

任剑、张力、雷永辉、梁倩、张蒙。

（6）"分享达人奖"。

陈涛、杜康、黄柏文、杨振、贾行令。

（7）"潜心求学奖"。

李曙光、岳建军、周涛、周刚、郭彪。

（8）"笔记达人奖"。

张慧雯、刘廷超、张来生、张冉静。

在足球友谊赛、篮球俱乐部、跑团等文体团队中，E20的学员们不仅发扬运动精神，更营造了进取团结的集体氛围，多位同学获得"运动风尚奖""班级贡献奖""精诚奉献奖"与"领导力奖"。

（1）"运动风尚奖"。

江长全、易涛、吕金荣、宋立言、陈素英、雷东、郭晓勇、杨勇。

（2）"班级贡献奖"。

解海中、刘廷超。

（3）"精诚奉献奖"。

韩勇、张剑青、廖飞英、黎佳林、袁海杰。

（4）"领导力奖"。

赵中平、易涛、瞿娜。

其中，有全球商学院盛会之称的"戈壁挑战赛"，由E20班级承办的第17届为使戈壁精神在北大国发院学子中传承，特为杨立贺、岳建军两位同学颁发了"特殊贡献奖"。

回顾两年前与北大国发院结缘的契机，这的确离不开北大国发院的"招生天使"慧眼识英才，让E20的学员们得以与北大国发院共同见证彼此的成长。以上获奖学生代表分别向现场的恩师们献上鲜花，老师们也感慨学生们的进步，并祝愿毕业生们前程似锦，鼓励大家在挑战与拼搏中继续成长。

毕业颁奖活动临近尾声，班主任李然老师总结道，2020级EMBA的学子们在北大国发院的两年成长、收获了太多。在北大国发院读书是幸福的，学子们不仅收获了精心养气的平静，学会了虚怀若谷的担当，也养成了谦卑谨慎的姿态，秉持着家国天下的情怀，既然选择了这里，也就融入了北大国发院的文化血脉，加入了北大传统的传承之中。百舸争流千帆竟，希望毕业生们不负这个时代所赋予的希望与美好。

2020，没你不行；2020，一路同行。

这一声口号道出了每个人在班级的价值和贡献，同时也传达出我们作为一个集体一同前行的心愿和情谊。

"咔嚓"——E20全体师生合影在2022年6月24日这一晚永久定格。我们的学业生涯到此画上一个完满的句号。

再见了，北大。再见了，北大国发院。

再见了，这个迷人而醉人的夜晚。

53

北大国发院毕业典礼

2022年6月25日上午，北京大学国家发展研究院暨南南合作与发展学院2022届毕业典礼在北大百周年纪念讲堂隆重举行。

近千名北大国发院的经济学本科、研究生和BiMBA商学院MBA、EMBA毕业生，以及南南学院的博士和硕士毕业生与学院老师们齐聚校园，为我们的求学之旅画上圆满的一笔。

伴随着一阵阵热烈的掌声，北大国发院暨南南学院教授和研究员团队隆重入场。本次特别邀请了演讲嘉宾杨澜女士及本届毕业生代表相继在主席台就座。

北大国发院院长、南南学院执行院长姚洋教授，首先代表学院诚挚祝贺860名2022届北大国发院毕业生和150名2020届返校补办毕业典礼的同学。

姚院长还特地从苏轼的人生故事里提炼出"在路上"的人生态度，勉励同学们即便遭遇艰难险阻，仍然要意气风发地投入其中，不避俗务，也不惮追求人生的快乐。

在姚院长的概念里，"在路上"首先是全身心地投入眼前的事情，不患得患失。其次是融入当下的社会，做在场的参与者而不是旁观者。最后是享受寻找意义的人生过程，敢于尝试新道路。

北大国发院金融学助理教授胡佳胤作为教师代表发言。她从过去与未来、历史与现实、个体和群体的角度分享感悟。追溯历史，不同时期各有印记，反观当代，时代同样有着成就美好、制造迷茫的两面，身处其中的个体也同时承受着理想丰满、现实残酷的考验。无论是汲取传统文化的精髓，还是接受经济学"太阳黑子均衡"概念的指引，北大人要超出个体角色，拥抱时代感召，推动时代发展亦能实现自我，也期许大家找到各自人生意义和国家前途命运发展的答案。

北大是无数学子梦寐以求的地方，在同学们的心中，北大究竟是一个什么概念呢？来北大走一遭，不管你是博士还是硕士，MBA 还是 EMBA，你的心中总有一个自己的北大。以下是五位北大国发院本届毕业生代表依次发表的毕业感言。

硕博研究生代表聂卓：做学问、搞研究要独立自主，自己找答案，为结果负责，工作、生活亦是如此，都要求独立思考、有效洞察、果断决策。祝愿每位北大国发院毕业生都能开辟出属于自己的崭新道路。

本科毕业生刘赞辉：一是人生观更新，从此愿意拥抱成功的多维标准，广博地学习，无畏地试错并提升自我认知；二是接受北大国发院最优质的本科教育，不但收获丰富的选择和坚定的支持，更不畏做"又难又正确"的事。

经双毕业生代表徐海博：学习与研究过程看似平凡甚至枯燥，但是若将宏观层面国家的发展与微观层面个人的发展结合，努力会更具有意义。持之以恒地学习和参与经济及社会发展，必将为国家及世界发展做出贡献。

MBA 毕业生代表赵鹏：从入学初的迷茫到毕业之际的满怀憧憬，两年蜕变离不开师友和亲人的支持。身为北大毕业生，其与众不同恰在于受过"北大精神"洗礼，既崇尚自由、兼容并包，又勇担家国责任，危难之际从不缺席。

EMBA毕业生代表瞿娜：深感这里有世界一流的学习资源和多样化的学习体验，终身受益，尤其是让她勇敢地实现了职业生涯的大跨越。她表示，学习永无止境，毕业亦是新开端，愿与同学们相约在学习的道路上永不毕业。

特邀嘉宾、阳光媒体集团董事长杨澜女士，讲述了自己丰富的人生经历和思考。她提醒毕业生几条重要的原则：一是保持提问的能力，也就是保持好奇心和独立思考的能力；二是从人性的角度去理解和看待世界，如制定经营策略或经济政策时，一定要记得数字背后是一个个鲜活的生命和家庭；三是"风物长宜放眼量"，去发现趋势和方向，相信时间会让价值显现。年轻的最大资本就是时间，她最后勉励同学们，勇敢探索自己人生的可能性，创造丰盈的人生，书写自己的传奇。

致辞结束，姚院长向杨澜女士赠送了本届毕业典礼演讲纪念牌，并受邀主持南南合作与发展学院毕业典礼。

北大国发院毕业生学位授予仪式，依次为博士、硕士、本科、EMBA、MBA、经双。博士学位授予环节，沈艳教授宣读毕业生名册，14位博士毕业生依次由导师带领上台，林毅夫教授拨穗并授予学位，其后毕业生及导师一起合影纪念。

因新冠疫情影响未能亲临本届毕业典礼现场的同学，学院特别安排毕业生照片在宣读名册时呈现于现场屏幕，同时承诺所有缺席本届线下典礼的毕业生，可以选择未来任一届毕业典礼重返母校补办仪式。

学位授予仪式结束，姚院长请全体教授上台、全体毕业生起立，在《歌唱祖国》的合唱声中庆祝毕业。明快雄壮的旋律一如同学们对美好未来的憧憬，催人奋进。

最盼望的是这一刻，最不舍的也是这一刻。教授和行政团队列队挥手，与逐一走过眼前的毕业生深情告别。

聚散难忘，情谊永存。同学们依依不舍，就此挥别陪伴自己求学生涯的老师和母校。

54

班级毕业晚会

  2022年6月25日，E20班级毕业晚会在承泽园420大教室举行。本次晚会由E20第二届班委负责组织，班级全体同学参与。

  下午四点半，我们来到承泽园校区，走进方轩亭，班委专门设计了一个毕业喜报，内容为北大国发院介绍、毕业生信息等，上面专门留了一个放脑袋的镂空位置，只要把脑袋放进去所有的信息就是你的了。

  在方轩亭内右侧填写十年后的信，我现场写下三组心愿，装到信封放进信箱，摄影师特意给我拍下了这个瞬间。亭内左侧摆满了相册和照片，还有守望地球捐赠证书，陈老师的朗润日记，张力同学的福鼎白茶，满满的两个手提袋。

  穿过石平桥发树楼的大门口，铺了一条长长的红地毯，两侧摆满罗马柱花篮，西侧专门设计了一个大大的毕业纪念墙，同学们三五成群地拍照，我也趁机来张单人照，与雷东又拍了一张合影。

  大概下午五点钟左右，班级的女生化妆结束并全部到场。在摄影师的招呼下，男同学拍了一组合影，女同学拍了一组合影，全班同学一起来个大合影。合影结束后，同学们来到420大教室，今晚我们将开启一场毕业盛宴。

晚会开始首先是一轮班级走秀，美女帅哥组合，男同学手捧向日葵，站立通道的两侧，等待女同学牵手。这是一个相当难为情的节目，至今我对节目组仍然不能理解。我是个比较内向的人，平时和班里女生不怎么说话，特别要好的女生不太多，而且有几位又没有来参加毕业典礼。

第二个节目是班级的九个组轮流上演诗朗诵加班组集体亮相。同学们的诗朗诵结束后，李然老师、柴豫荣老师、赵晔老师分别给同学们分享了毕业寄语。

当时，同学们都兴奋至极，也真的记不住老师们都讲了什么。只记得一边讲一边擦眼泪，两年多的学习相伴，自然真情到永远。

老师讲话结束，节目组随即推上来一个大蛋糕。在李然老师的组织下，大家一起许愿，一起吹灭蜡烛。李然老师第一个切开蛋糕，同学们你一块，我一块，分的分，抹的抹，好不热闹。

蛋糕分享完毕，同学们开始相互道别。

晚宴进行到九点时，该我上场了。

在人声鼎沸中走向舞台，大声朗读燕园情。这是我们晚宴的一个重磅节目。自从进入北大读书的那一天起，我就决定写一本关于北大的书。经过两年多的努力，已经完成了四十个章节，近十五万字的初稿，记录了学院三十多位老师的风采，近一百名同学的身影，真实地反映了我们班级在北大国发院读书的学习生活，供关心商学、热爱商学的同学们、从业者和企业家阅读；用实际行动实现"永不毕业"！

晚会在忘我的喧嚣中结束，我的夙愿也在这个令人难忘的夜晚得偿。感谢为大家精心设计这场宴会的所有人！

恩师寄语

BiMBA 院长寄语

北大国发院 BiMBA2022 届毕业生们：大家好！

我们共同来见证你们毕业的时刻，让我感到十分荣幸，尤其是在你们整个学习过程中，刚好完整地经历了新冠疫情挑战带来的困难，而你们战胜了困难，让毕业如期而至，这一刻意义非凡。

在整个学习期间，我们与世界一起承受着变化的冲击。这些来自不同方向的、紧迫的挑战，既是对每一个人成长的考验，更是对整个世界发展的考验。各种冲突、不确定性、极端主义及媒介带来的混沌，让我们常常无法辨认事实与真相。

今天，更需要人们遵循向善的力量，心怀人类福祉，中和利他；更需要认真聆听他人的声音，觉知自己的渺小，以及真正承担起自身的责任。

作为北京大学的毕业生，你们有责任将你们在北大所内化而成的北大精神带向世界；有责任肩负起让世界变得更加美好的目标；有责任带着你们学习到的知识和以此去创造价值的决心前行。

开学典礼时,我和你们在朗润园见面,我把"生长最美"确定为与你们第一次见面交流的主题。

生长,正是万物生命的本分,在纯粹的生长中,生命会获得超乎想象的可能性。它也许会以各种形式出现,会遭遇各种挑战和冲击,但是,只要专注于生长,确信生长的力量,生命所创造的奇迹非凡而隽永。乔治·沃尔德(George Wald)写道:"30亿年前的地球上,有了立足点后,初代生命体踏上了进化的壮丽旅程。"这生命的壮丽旅程,让其"抓住了自己在地球上的未来"。让我们一起记住"生长的力量"。

现在,我和你们在承泽园相见之时,你们完成了学业,具有更加饱满的生长之力。作为北大国发院BiMBA的毕业生,你们更崇尚责任与贡献;你们更清楚知识的意义与行动的价值;当人们理解正在面临的全球问题,感知这些威胁的严重性时,你们深知最重要的是,为减轻威胁并为造福社会而寻求解决方案。你们每个人都将以自己的方式帮助解决这些问题并治愈世界。你们所展现的能力,所愿意付出的努力及对自我精进的要求,都让我们备受鼓舞。

我非常确信,你们所具有的对生长的质感与信仰,外在因素不再能扼制住你们的生长。当我们安静地去体悟自身、去感悟自然,你可以从任何一个角度体察到生长带来变化的信息,这些真实而具体情景中的感觉总会带给我们感动、惊喜,有时甚至是悲伤,这也构成了我们自己内在的丰富性,让我们有能力与周遭的一切共存、共生。

现在比以往任何时候都更需要你们寻找让世界变得更好的解决方案;需要你们的专业知识,需要你们基于责任、基于利他、基于向善的立场去展开行动;需要你们在确立解决方案的同时,探寻新的未知;需要你们在展开无限可能的探索之中,更加敬畏责任,更加谦逊,更加开放与合作。这一切,我称之为"自我生长的力量"。

祝你们保有"自我生长的力量",让自己变得更好,让世界变得更好。

BiMBA 副院长寄语

亲爱的北大国发院 2022 届 EMBA 同学:你们毕业了。

每当毕业季,都是老师们最不舍,也是最开心的时候。

不舍的是,你们要离开校园了,以后相见的机会会少了很多。

高兴的是,你们圆满完成了学业,所有的老师都为你们的成绩和成长而发自内心地高兴。

当了这么多年的老师,已经养成了好为人师的习惯。在你们毕业的美好时光,也忍不住想啰唆几句。不过你们想必一定会包容自己的老师,所以临别之际,我还是想与你们分享几句话作为送别的礼物。

我想分享的第一句话是:"世自乱而我心自治,斯为正道。"

今天是一个动荡、复杂、不确定的时代,人往往会焦虑、烦躁、迷茫。但是越是混乱的时代,越要保持内心的从容、宁静与坚定。人是有能动性的,外在的环境是我们无法左右的,但我们可以左右自己的内心和我们由此做出的应对环境的选择。

用《大学》的话说:"知止而后有定,定而后能静,静而后能安,安而后能虑,虑而后能得。"清楚地知道自己的追求,你的内心才能有定力,才会心不妄动,才能从容安详,才能展开深层的思考,才能找出解决问题的最佳方法,从而得到最好的结果。以内心的确定应对环境的不确定,是我们这个时代每个人的必修课。

我想分享的第二句话是:"纸上得来终觉浅,绝知此事要躬行。"这句话是南宋诗人陆游说的。

管理的能力不是学出来的,是行出来的,是在实践中历练出来的。知得十分,不如行得七分,所以一定要"知一句便行一句",知只是开始,行才是目的，也只有在行之中才会有真正的知。

你们在北大国发院聆听了很多大师的教诲，学习了最新的管理理念，这无疑对提升你们的管理境界有极大的帮助。但是记住，所有的知识都只是纸面的功夫，而管理的本质却是实践的学问。

事后论人、局外论人，是学者大病。光读书、光思考，而不践行，只能是眼高手低，只能让你们空长一身指手画脚的本事而已。你们以优秀的成绩拿到了北大的硕士学位，这是无数人所艳羡的，但是你们学到的东西不是给你们提供唬人的谈资。你们在北大国发院的学习只是一个起点，你们真正的学习是从毕业开始，是在现实的管理实践之中去知行合一、经世致用，这样才不会辜负你们两年的北大国发院时光。

我想分享的第三句话是："人生如逆旅，我亦是行人。"这句话是北宋文豪苏东坡说的。

苏东坡的一生，不断被流放，"黄州、惠州、儋州"，可谓受尽颠沛流离之苦。但是苏东坡极为豁达，活出了中国人真正应该有的样子："莫听穿林打叶声，何妨吟啸且徐行。竹杖芒鞋轻胜马，谁怕？一蓑烟雨任平生。"千年之后，苏东坡这种境界依然令人向往不已。

人生就是一段旅程，我们都在世上奔波，我们都在追求自己的事业，追求自己的成功，但是所有的悲欢离合、得失成败、荣辱兴衰，最终都会成为过眼烟云。

人生的结果都是一样的，人生的唯一不同在于过程。身为功利中人，我们经常会陷入追求自己想要的结果之中，甚至把自己的人生变成达成结果的手段，从而扭曲了自己的人生，等到结果达成才发现其实结果并没有那么重要。

放下对得失成败的过分纠结，在保持积极向上、追求功业的同时，不忘随时随地发现与感受人生的风景与美好，保持心境的坦荡与豁达才是真正圆满的人生。

葡萄牙罗卡角是欧亚大陆的最西端，这里有一座石碑，刻着葡萄牙最伟大的诗人卡蒙斯的一句诗："陆止于此，海始于斯。"

陆地在这里结束，大海从这里开始。在北大国发院，这句话最早是P05MBA班毕业时同学们相互之间的承诺，在此我想转送给你们。你们走出了承泽园，你们走向了大海，但毕业并不意味着结束，毕业是一个全新阶段的开始。无论是班级同学的感情，还是你们与北大国发院、承泽园的缘分，都是如此。

让我们一起开始这段全新的航程，祝你们都有更美好的前途。无论走多远，都不要忘记北大国发院，不要忘记承泽园，因为这里是我们航程的起点和我们共同的精神家园。

和风衍漾，夏日温朗。在晴日绿茵的见证下，北大国发院2022届毕业典礼举行全体2022届EMBA毕业生和部分线上参加的毕业生完成了在燕园的最后一课。让我们共享"毕业之乐"！

这一天，或许是最后一次骑行在校园的小路上，唱着悠扬的毕业歌，哼着无名的小调，飞扬的青春，跳跃的诗句，写下你我共同的名字——北大——国发院。

未名湖，博雅塔，几度梦回，几许期望，曾几何时，我们指点江山，曾几何时，我们激扬文字，肩并肩，手牵手，一声同学，一生朋友，毕业快乐！

穿越岁月的九曲回廊，仿佛看到旧日的模样。开学那一天，沉甸甸的是书包，毕业这一刻，无比庄重的是学位帽。

不想毕业，终将毕业，但一颗心永远在一起，未来可期，青春无悔。北大国发院，再见！

辛勤的老师，再见！

青春不负韶华，奋斗的路上，我们再相逢！

56

同学记忆

在班级的毕业晚会上，有一个很有意思的环节，一件很有趣的事情，一幕很难忘的镜头——有三位同学，他们分别写了一封告白信。我觉得这是应该被记下的一段文字，一种很应该被记住的情感，所以也就收录下来和大家分享。

一

时光匆匆，一转眼到了毕业的时刻。回首过往两年的北大国发院求学经历，读书并没有减少我们生活里的一地鸡毛，当然也没有剥夺我们时光中的岁月静好，但这个神奇的院子就是有种独特的魔力让我们在这个动荡的环境里学会了与自己相处、与时光相处，让我们有信心也有能力在这个不确定的年代里有面对挑战的能力。

话不多说，现就将我们夏尔巴小七队过去两年的成长收获向在座的各位老师、同学汇报如下。

在过去两年里，我们夏尔巴小七队真正做到了队如其名，披荆斩棘、乘风破浪、硕果累累。

首先，就团队成长而言，我们吸纳两名同学，成功从9人扩编到11人，从情谊天长地久进化到了十一人如一人的一心一意。其次，就个人成长而言，我们夏尔巴小七队也做到了收获满满，有成功上市的张来生，有喜结良缘的蔡大波，有新建公司的张彩萍，有戈壁巾帼袁海杰，有三迁回京的丁海华，有艰辛求学的德全，有坚守初心的周刚，有务实突破的李伟东。最后，还有喜提优秀论文的我自己。

这所有的硕果，都得益于我们北大国发院各位园丁的辛勤浇灌。在这里，让我真正领会了"所谓大学者，有大师之谓也"。最骄傲的是，至此，我们也摘下了自己那份"北京大学毕业生"的果实。

丰盛之时，往往也是分离之际。虽说离别是人生的常事，但即使是百战归来再读书的我们也很难在离别之际无动于衷。

再见了，我最亲爱的老师、同学们。感谢从朗润到承泽的两年里，你们给予的陪伴、包容、帮助与一刻未停的"内卷"。

再见了，我最亲爱的老师、同学们，这一刻有太多我来不及说与你们听的谢谢，感谢生命有一段时间能与你们遇见、能与你们共度。

每个人都是一个世界，每个人都有自己的故事，但愿我们在2020年这场悄然相遇能在未来的岁月里守望到底。

一帆风顺是不可多得的故事，震荡上行也许才是真实的人生。我们夏尔巴小七队，会一直像我们队名一般勇敢坦荡，纵有疾风起，人生不言弃。

在此，祝愿我们在座所有的大家，前途都无量，来路也无恙。胸怀着温暖，却依然能够坚强。

七组 E20 黄琦，我爱你，我此生的同学。

朗读者：七组　黄琦

二

穿过山，穿过海，穿过这世间尘埃，向你奔赴而来——朗润星辰大海，承泽家国天下。

两年的北大学习生活充实丰盈，是生命中一段独特而温暖的难忘时光，令人感动而沉醉。新冠疫情阻碍了脚步，但却无法阻拦知识的传授、思想的碰撞和认知的改变。

横跨在朗润和承泽两园，切换在线上和线下两端，有幸聆听了那么多睿智深刻的老师授课——姚洋、张黎、杨壮、宫玉振、胡大源、刘国恩、马浩、张建平、孙健、宋志平、刘晓丹、王超、薄连明等一众名师，灿若繁星，交相辉映，为我们一一解析了北大国发院卓然超群的魅力密码；各具才情的E20同学则在课堂内外交流互鉴，彼此欣赏，互为激励，赫然"卷"成了商学院中的一股清流，气质拿捏得难以言表。

入学伊始融入了第一个团队：戈壁九组，或许这是命中注定的缘分，我们一起在戈壁风尘中勠力同心、互为支撑，最终九九归一，勇夺冠军，并就此结下深情厚谊，温暖了两年时光。

日常接触的北大国发院优秀的工作团队各具风采，用辛勤的付出和真诚的微笑穿针引线，为我们串起了一个个珠圆玉润的求学日。

亲爱的北大国发院老师和E20全班同学，感恩人生这一段岁月能与你们同行。如果时光能够倒流，只希望曾经的我更努力、更优秀，只为了能更好地匹配这绝世独立的北大国发院，呼应独一无二的E20班级，融入朗润承泽的星辰大海。

朗读者：九组　郭晓勇

三

第一次和大家云见面那天,是我的生日,但是后来因为同学们,这个日子对我来说变成了一个比庆贺生日更有意义的日子。

2020年8月14日,通过微信第一次建组,到今天已经680天。两年的岁月里面,承蒙各位哥哥姐姐的照顾,度过了一段非常快乐的时光。

此时此刻,顺利完成学业的喜悦,本应是让人欣喜万分的,可是毕业所带来的分别也让我满怀伤感。

你们总是亲切地叫我小妹,我其实很喜欢这个称谓。因为在成长的路上有一些这样那样的原因,很早就需要担负挺多的责任,能够简单地做一个小孩的日子并不多。但是你们叫我小妹,待我亲切、友善、关怀备至、诸多照顾,和你们一起的时候,我这个小"组长",却有了能做一个处处有人关心、时时有人照顾的小朋友的机会。

初见大家,等待我们的是茫茫的戈壁。其实我挺害怕的,戈壁对体力很弱的我来说,是一个不可能完成的任务。所以,其实我自己在心里打了有几十次退堂鼓。

但是想起到达目的地以后,我们要一起穿喇叭裤、戴长指甲和金光闪闪的帽子跳千手观音,又让我对旅程充满了期待。

戈壁的风真的好大,大到真的可以把我吹得随风而去,所以必须随时有两个人把我夹在中间才能走稳;戈壁的行李真的好重,重到每一步走下去腿都好像再也抬不起来了,所以你们把我的行李全部都背走才让我能够挪步;戈壁的路真的好长,长到有一刻我觉得我这辈子都走不完了,好希望自己下一刻就马上崴到脚或者是晕倒,然后被扛上医疗车,坐在车上喝着饮料唱着歌轻松到达营地。

但是你们特别讨厌,就不停地鼓励我、原地等着我、一路搀扶我,害我最终还是把那条路自己走完了。真的好累啊！所以晚上大家分享走戈壁的感受时，我没好意思上去说，因为当时如果我上去，可能我就只想说："走完这一趟，唯一的感受就是我这辈子再也不想上戈壁啦。"

但是今天我看见你们，回想过去，我突然感到如果是和你们一起，我还想再上一次戈壁。再吹一次戈壁的风沙，再喝一碗有啥煮啥的热汤，再和你们一起欣赏黄昏的夕阳和夜晚明亮的北极星。

最后，我想告诉你们，不在乎路上铺满的是鲜花，还是荆棘。无所谓行程中的天气，是晴朗，还是暴雨风沙。希望同行的我们，一直不离不弃！老人说，最美的夕阳会见证最好的友情，谢谢你们，陪我一起看过最美的夕阳！

朗读者：二组　洪晓莹

57

我们永不毕业

"陆止于此，海始于斯。"

在欧亚大陆的最西端，有一个位于葡萄牙的罗卡角。在罗卡角的一座石碑上，刻着葡萄牙最伟大的诗人卡蒙斯的这句诗。

用在我们毕业之际，我想，这句诗再恰当不过了。我们永不毕业。

这不仅是一句宣言，也是一种态度。

我们即将从学校毕业，再一次踏上社会这所让我们永不毕业的大学。通过两年在学校和企业之间的学习，我们心中的那片大陆究竟是什么样的呢？

临近毕业季，相信您一定有很多话想对学院、对同学说。因此，趁着本周六来校的机会，我们计划录制"E20毕业特辑之——国发印象"专题视频。

接到李然老师在班级群里所发的这一通知，我的第一感觉就是，这个很有意义，只可惜我因有事未能前往北京参加。于是，按照李然老师提出的以下问题，我把书面答案发了过去。

（1）请用三个关键词形容国发院。

答：学术、情怀、格局。

（2）请用三个关键词形容您读书两年的感受。

答：开心快乐，收获满满，开阔视野，提升思维。

（3）毕业之际，回首来路，还记得为北大、为北大国发院的心动一刻吗？请用三句话描述让你"心动的场景"。

答：戈壁挑战赛和老师、同学们一起走过沙漠；开学典礼北大之歌燕园情；朗润玉兰树下茶话会，李然老师抚琴助兴。

（4）这两年，有没有想放弃学业的时刻？是什么让你坚持下来？

答：说实话真的没有放弃的念头，因为这本来就是我想要的状态。学习的过程中，确实被作业搞得头疼，尤其是毕业论文让我更加郁闷，但这些都不足以让我选择放弃，只有挑战才能成长，坚持必定胜利。

（5）北大国发院给你带来的最重要的改变是什么？

答：全面系统地学习了商学理论，对经济学、金融学有了更深层的了解，提升了认知格局和视野，更加坚定了创业项目的自信。

（6）毕业之际你想对母校说什么？

答：祝福学院蒸蒸日上，老师永远健康，出更多的作品奉献社会。

（7）两年来你记忆中最难忘的画面是什么？

答：长沙现场教学，宫老师辅导我们课件到夜晚十二点多。

商学院的生涯到此画上句号，这是我提交的一份毕业问卷。心中虽有万般不舍，好在可以用一种永不毕业的心态与学校及师生保持着千丝万缕的联系。

燕园情，千千结，问少年心事，眼底未名水，胸中黄河月。

北大如此美好，我不想说再见。感谢北大国发院，让我有幸认识一群有志向的高才生青年和有爱有正能量的老师。未来无论如何变化，我们的友谊都不变。

我们是幸运的，赶上了朗润、承泽双园时代。朗润园古朴端庄，厚重有内涵，我们大部分线下课程是在万众楼、致福轩完成的。承泽园宽敞明亮具有现代科技感，我们在这里也上了多场线上线下课程，闲暇时到西北角公主楼联想清朝跌宕起伏的历史，回味承泽园最后一位主人张伯驹和潘素的美好爱情。

我们是努力的，在新冠疫情中完成学业。E20从开学到毕业与新冠疫情一路同行，同学们用顽强的斗志，坚定的求学信念，完成了近30门商学课程的学习，成功举办了6场同学论道，近10次的企业游学，79位同学通过论文答辩，获得了北大国发院10篇优秀论文。

两年多的北大国发院学习，让我们从不同角度、不同层次收获了管理智慧，改变了社会认知，提升了人生格局。

同学们誓师永不毕业——因为"毕业"意味着"完成"，意味着学习过程的结束、人格提升的圆满、社会认知的全面。但我们作为北大人，希望终生学习，永不结束学习的旅程。

今天的我们，距离理想中的完美人格、全面的社会认知甚远，还必须通过继续深入交往、学习来完成一生的志向。毕业对我们只是一个时间或者学分概念，而学习则是一个没有终点的旅程，我们一直在路上。

关于"永不毕业"，在我心中，它是这样一个概念。

一是继续开通学院课程。例如，姚洋院长的"中国经济现状与发展"让我们了解国家的政策环境变化；卢锋老师的"宏观经济学"让我们清楚地感知行业变化和应对思路；陈老师的"数字化时代企业管理变革"，让我们紧跟时代的脚步不断调整管理策略；宫玉振老师的"《孙子兵法》与商战制胜研究"，给我们源源不断地提供领导智慧。如果学校条件允许，希望这些紧跟时代发展的相关课程也继续对我们这些已经毕业的商学院学生继续开放。

二是继续组织企业游学。每一次的企业游学总能看到一家优秀企业的

成长历程和成功的创业经验。例如，字节跳动的产业之广泛，信息化之强大，飞书办公效率之高，完全颠覆了我们常规的想象，第一次听到一个 HR 管理 5000 人的企业。在北京电影制片厂现场看到了拍摄电影的过程，了解到后期制作电影的复杂程度，不敢想象一个配音间堆满了数以万计的发声设备，干事创业唯有专业才能制胜。期待同学们与学校及同学们之间密切联络，资源共享，多组织此类活动。

三是继续组织同学论道。我印象最深刻的两次朗润园同学论道，一次是女性领导力论坛。创业的女性更为不易，她们要面对更大的压力、承担更重的责任，对精神、意志、品格的要求也更高，只有坚定信念才能取得更大的成功。另一次是生猪产业链及供给侧改革论坛，详细讨论了生猪产业的养殖、加工、贸易环节所面临的国内外市场环境，企业在完善经营的同时促进产业链优化等议题，为更多企业家提供经营战略的启发。让我们继续在同学所在的城市举办各种形式的同学论道，探讨企业管理，共享班级智慧。

四是整合班级资源创新商业模式。例如，《我在北大读商学》一书的原始股募集，不仅让同学们共同参与编写，打造一个同学联谊的平台，还能让更多的同学共享商业模式。如果 E20 成立一支班级投资基金，对创业的同学给予资本和赋能的支持，共同抵御风险搏击商海，也是不错的班级联谊模式。只有共同的目标，才能将大家紧密联系在一起。

五是每年约定三月重回北大。北大的春天最美丽，那时湖水青青，柳树荫荫，玉兰花开，海棠欲放，朗润园一片生机勃勃，春意盎然。北大是我们人生中最美好的记忆，我们要定期回到北大，重温朗润之书韵，再听燕园之鸟鸣，到未名湖畔看鲤鱼戏水，坐在石坊仰望博雅塔，共叙往日之情，畅聊未来人生，望常聚北大，盼友谊长青。

前路漫漫，来日方长。愿我们都能尽己所能，实现我们"永不毕业"的期待和梦想。

58

思辨商学再起步

为了把在北大学到的理论与在双汇的工作实践结合起来,也为了圆自己一个创业的梦想,我以"思辨商学"(简称)之名注册了一个公司。

如今,北大的学习生涯已经结束。

回忆两年多来的学习之路,心中仍然兴奋不已,只感叹时光太匆匆。

在这里,我认识了上百名同学,数不清的校友,很多优秀的老师,也因此,重新认识了北大的厚重、知识的渊博,并重新认识了首都北京。

当我怀揣着北大研究生毕业证书返程的时候,我已经离不开北大,离不开北京。我创业的梦想,我想也一定会在北京启航,在祖国各地绽放。

从离开双汇那一刻起,我从未停止思考:"思辨商学"将如何成为行业翘楚?如何成为企业家喜爱的商学品牌?

思辨乃思考辨别之意,"思辨商学"其出处来自《礼记·中庸》之名句"博学之,审问之,慎思之,明辨之,笃行之。"

这是我们经常在各个学校看到的一句话,其实,企业管理的过程本身也是一个思辨的过程,社会中任何一个行业皆需要这种治学精神。

博学乃学习要广泛涉猎之意,审问指有针对性地提问请教,慎思为学会周全地思考,明辨故形成清晰的判断力,笃行是用学习得来的知识和思想指导实践。

大学毕业后，我一直在双汇工作，从车间员工到车间主任、分厂厂长、事业部总经理，概括起来讲主要从事生猪屠宰、加工、养殖、饲料、种植等，同时负责了五千万只肉鸡全产业链项目的建设投产运行工作。

总之，二十年来我一直工作在农牧食品战线，有着丰富的大型企业实战经验，再加上北大国发院两年多的商学经历，应该说也算是行业里为数不多的实践和理论融合专家，这也是我创办思辨商学的底气。

思辨商学的愿景是成为中国农牧业最实战的管理商学院，其使命乃是致力于中国农牧企业经营管理水平的提升。这就是我们创业的初心，也是我创业的梦想，我希望把自身的企业实践和所学奉献给行业，让更多的企业家受益。

励志成长、拼搏创新、真诚奉献，这是思辨商学的精神，同时也是我个人的励志精神。

我始终相信，一个有梦想的人，一定是一个拼搏进取的人、真诚的人、乐于奉献的人。我希望把这种精神传递给每一个人。

大道至简，依道而行，此乃思辨商学的理念。在企业经营管理中，我们始终坚持把复杂的问题简单化，尊重自然规律、科学规律、管理规律，其实这也是管理的本质。

诚信、专业、责任、共赢，这是我们的价值观，也是我们一直以来的追求。我个人认为，一个人的成功，最基本的修养应该是诚信。作为企业，要想成功必重诚信，企业应该对顾客负责，为顾客提供专业的服务，最终达到双赢的目的。只有共赢，方能长久。

思辨管理，解决问题，这是思辨商学对管理的定义。在管理的所有定义中，我认为解决问题才是最重要的。因此，我们对管理的定义简单再简单，我们把解决问题作为思辨管理最核心的竞争力。

诚信做人，务实做事，这是我们一贯坚持的原则，是我对自己的要求,也是对公司团队的要求。我们只有坚持诚信做人,坚持务实做事,才能成为受尊敬的企业。

作为行业里一家最实战的商学院,我们追求最系统、最全面的产品,最高效、最实战的管理辅导,力争让客户用最低的成本和最短的时间取得最大的收获。

对内,公司不让任何一个励志的员工失败。对外,不让任何一家励志的企业失败。这是思辨商学的最高追求,希望帮助更多的企业良性成长。

思辨商学能做什么?能给行业带来什么呢?这也许是很多人心中的一个疑问。在这里,也借此机会告诉读者朋友们。

公司一直致力于为中国企业提供经营管理咨询、企业定制培训、企业管理标准化建设三位一体的全系统辅导新模式,同时为行业提供人才、投资、贸易等全产业链经营管理服务。

从实践中提炼理论,用最有效的管理、最简单的方法、最专业的工具、最真诚的服务,帮助公司解决实际问题。让公司员工励志成长、组织高效率运行、干部专业化管理、企业标准化管理,实现团队价值,成就创业梦想。

思辨商学将借着乡村振兴的东风和伟大的中国梦,扬帆远航、驰骋商海,与中国企业家一起励志成长。